国家社会科学基金项目结项成果

U0645276

环境人格权保护研究

付淑娥　著

哈尔滨工程大学出版社
Harbin Engineering University Press

内容简介：

本书主要论证了环境人格权正当性的理论基础，宪法环境人格权是环境人格权的效力基础，行政法中的环境影响评价制度、"三同时"制度、环境标准与监测制度、环境事故报告及处理制度，是环境人格权保护的制度基础。本书在这些内容基础上进一步论证了环境人格权的私权属性及其具体权利设计，并对环境人格权的私法救济与公法救济手段进行了详细探讨，为环境人格权提供了全面而周延的法律制度设计方案。

本书适用于理论研究工作者及从事环境保护立法与实践工作的人员。

图书在版编目（CIP）数据

环境人格权保护研究 / 付淑娥著 . — 哈尔滨：哈尔滨工程大学出版社，2019.7

ISBN 978-7-5661-2408-1

Ⅰ . ①环… Ⅱ . ①付… Ⅲ . ①环境权－研究－中国 Ⅳ . ① D922.684

中国版本图书馆 CIP 数据核字（2019）第 164388 号

选题策划	王洪菲	
责任编辑	张植朴	
封面设计	博鑫设计	

出版发行	哈尔滨工程大学出版社
社　　址	哈尔滨市南岗区南通大街 145 号
邮政编码	150001
发行电话	0451-82519328
传　　真	0451-82519699
经　　销	新华书店
印　　刷	北京中石油彩色印刷有限责任公司
开　　本	787 mm×1092 mm　1/16
印　　张	8
字　　数	202 千字
版　　次	2019 年 7 月第 1 版
印　　次	2019 年 7 月第 1 次印刷
定　　价	49.80 元

http://www.hrbeupress.com

E-mail: heupress@hrbeu.edu.cn

国家社会科学基金项目"环境人格权保护研究"与博士论文"论环境人格权"的联系与区别

国家社会科学基金项目申请与结项要求：凡以博士学位论文或博士后出站报告为基础申报国家社会科学基金项目，须在《申请书》中注明所申请项目与学位论文（出站报告）的联系和区别，申请鉴定结项时须提交学位论文（出站报告）原件，二者不得重复。本人国家社会科学基金项目"环境人格权保护研究"于2013年6月获批，本人2015年6月博士毕业于吉林大学法学院民商法专业，师从李建华教授，博士论文"论环境人格权"是在2015年6月提交的，实际上博士论文是以国家社会科学基金项目为基础做的，二者都是对环境人格权进行的论证。本人2016年申请国家社会科学基金项目"环境人格权保护研究"结项，同时提交了博士学位论文，2018年3月顺利通过结项验收，说明了二者之间的区别已经由全国哲学社会科学工作办公室进行了权威鉴定，但是为了免于投机取巧之嫌，本人对二者的区别进行说明：

一、在切入角度方面，国家社会科学基金项目是从更大的范围来探讨环境人格权的保护问题，包括宪法、民法、行政法、诉讼法、国际法等方面，而由于本人博士就读于吉林大学民商法专业，因此博士论文"论环境人格权"是从民法角度对环境人格权进行论证，二者的切入角度不同。国家社会科学基金项目的视角更为开阔，所论述的问题涉及公法与私法的方方面面，可以说是对环境人格权的全方位保护和制度设计。

二、私法论证方法与结构不同，国家社会科学基金项目"环境人格权保护研究"，很重要一部分内容是从私法角度进行论证的，但是在论证中笔者着重论证了私法目前的保护现状，比如物权法中的相邻权制度、地役权制度，以及人格权法中的健康权、身体权对环境人格权的客观保护方式，而在博士论文"论环境人格权"中则主要论证这几种保护存在的不足。从结构方面来讲，国家社会科学基金项目"环境人格权保护研究"的私法论证主要是从博士论文"论环境人格权"没有论及的角度进行的，比如宪法环境人格权的私法效力问题、环境人格权的私权地位问题、环境人格权的主体与客体问题，在侵权责任保护方面，国家社会科学基金项目"环境人格权保护研究"着重阐述了环境人格权损害的内涵、环境人格权损害评估、环境人格权侵权责任承担方式中比较特殊的三种情形，并且就环境人格权侵权责任社会化问题进行论证，而博士论文"论环境人格权"主要是从环境人格权的基本内涵界定、基本权能、立法模式与方式等方面进行论证，侵权责任保护则是从传统的论证方法，比如归责原则、因果关系的角度进行论证的，并没有涉及侵权责任社会化问题。

三、国家社会科学基金项目"环境人格权保护研究"与博士论文"论环境人格权"中均涉及环境人格权正当性论证问题，但是国家社会科学基金项目"环境人格权保护研究"是从归纳与演绎两种推理方式入手对环境人格权的权利推理过程进行论证，进而证成环境人格权。而博士论文"论环境人格权"则更多地以环境人格权存在的哲学基础为依据,来论证环境人格权存在的正当性基础。

四、从观点上来看,博士论文"论环境人格权"通过论证,最终得出结论:环境人格权需要在私法中进行确权保护。国家社会科学基金项目"环境人格权保护研究"则在此基础上提出,需要建立多部门的联动机制来保护环境人格权,宪法中的环境人格权重塑了生态文明时代的人的形象,行政法中相关环境制度的确立与完善是环境人格权获得私法保护的前提和基础,刑法对生态法益的保护,也在客观上起到了保护环境人格利益的作用。

总而言之,国家社会科学基金项目"环境人格权保护研究"与博士论文"论环境人格权"虽然都论证了环境人格权私法确权保护问题,但是二者在内容、观点、结构、研究方法方面均存在很大差异,基本不重复。但是国家社会科学基金项目是以论文集方式结项的,本次出书,本人将国家社会科学基金项目论文集进行了整理,并丰富了其中某些方面的内容,形成了目前的著作成果。

著　者

2019年1月

目 录 Contents

引　言

　　环境保护从来就不是某一个部门法可以单独解决的问题，公法在环境治理和保护中的作用是不言而喻的，从私法角度对环境进行保护，却是一项新的尝试。《中华人民共和国民法总则》中有关环境保护原则的设置，正是私法对这一问题正面、积极的回应。本书从公私法相结合的角度提出了环境人格权的保护问题，私法对环境的保护作用是建立在公法的制度设计的基础之上的，二者紧密结合为环境人格权提供了周延的法律保护。

一、环境问题产生的原因

　　所谓环境问题是指人类的生产和生活对环境造成的不利后果。环境问题并非现代社会的产物，环境问题古来有之。在原始社会时期，人类能力所限，其主要受自然规律的调节和约束，人口数量也相对较少，因此对自然的破坏能力十分有限，没有超出环境的承载能力，所以也并没有对环境造成严重后果。然而随着人类开始进入农牧业社会，人类改造自然的能力不断增强，人口数量不断膨胀，需要从自然环境中获取更多的生活资料，使得环境问题日益严重。但此时也并没有达到威胁人类生存与发展的地步，直至工业社会的到来。人类在不断取得对自然的胜利中变得愈加狂妄自大，现代科学技术的发展加速了环境破坏，人类在物质极大丰富的同时，也使自己逼近毁灭的深渊，此时的环境破坏程度已经完全超出了环境的负荷能力，各种灾难频发。环境问题最终演变成了全球性的生态危机。这种生态危机与一般意义上的环境问题相比，危害范围大、持续时间长、发生频率快，并且后果更为严重。比较典型的有酸雨问题、温室效应、非洲大灾荒，等等，对人类的生存和发展提出了新的挑战。那么究竟是什么原因导致了席卷全球的生态危机呢？笔者认为，以下几个方面是导致这种危机产生的主要原因。

　　（一）哲学原因

　　对于环境问题演变成全球性的生态危机，西方世界占主导地位的哲学思想难辞其咎。柏拉图提出的"主客二分"哲学思想，到近代经过伽利略、培根和笛卡儿的论证，最终成为主流，并成为现代哲学思想的核心。按照这一哲学观念，只有人才是主体，而且也只有人才能成为主体，因为只有人才具有主体性和内在价值，除此之外的一切事物都被看成客体，是人类认识和改造的对象，不具有任何固有价值，只具有工具价值。而伦理学所研究的对象局限于人与人之间的伦理关系，不包括人与自然界之间的关系。因为作为客体的自然界与作为主体的人是截然不同的，其不具有内在价值，仅具有满足人类需要的工具价值。因此可以说，自然界并没有自身的价值和尊严，被排除在人类道德关怀的范围之外。所以，在这种伦理观念的指导下，人类在征服和改造自然界的过程中并不存在传统伦理的谴责和约束，为所欲为。从正义的角度来说，人类所关注的仅仅是一种"种内公平"，并不关注人与其他生命体之间的"种际公平"，甚至也忽略了后代人的利益，其正义观仅仅是"代内正义"。这一哲学思想的确立，在客观上确实促进了人类社会的进步，科学技术得到迅速的发展和提高。然而这一切都是建立在人类对自然界的疯狂掠夺和蹂躏的基础之上的。它将自然界完全视为客体，忽视了自然界的整体性和价值性。人类以自然界主人的身份不断地肆意攫取，最终导致了生态危机的产生。从这一意义上来讲，这种"主客二分"式的哲学思想是生态危机产生的思想根源，因而生态危机也可以说是一场哲学思想危机。

（二）科学技术原因

正如前文所讲，环境问题自古就有，但并没有达到生态危机的地步。从一般的环境问题演化到生态危机，科学技术起到了至关重要的作用。在传统观念中，科学技术本身带有褒义的主观色彩，代表着人类对自然界不断取得的胜利，是社会进步与发展的主要推动力。因此，在人们的观念中，科学技术完全可以解决环境问题，甚至是生态危机，它怎么会成为导致生态危机的根源呢？这主要是因为，一方面由于人类认识上的局限性，其科学技术有时并非是对事物正确的认识，有可能是违背自然规律的，因此就可能产生与人类预期完全不同的效果。例如农药DDT的大量使用，曾轰动一时。然而，卡森《寂静的春天》一书的发表，使我们对DDT广泛使用所造成的严重后果不寒而栗。同时，科学技术在给我们带来极大便利的同时，也造成了巨大的危害。核能和生物技术便是其中的典型代表。1986年的苏联切尔诺贝利核电站4号反应堆爆炸起火，其所造成的严重后果远远超过人们的预期。另一方面，科学技术的进步也是人口直线上升的重要原因。人口的爆炸式增长，使整个生物链条发生了重要变化，挤占了更多的生存空间，使其他物种迅速减少，直至灭亡。

（三）经济原因

世界性生态危机的出现，究其根源，乃是由经济生产方式决定的。正如我们所观察到的那样，自然经济时期人类并非没有造成环境问题，然而这种问题仅仅是局部的，没有造成今天这样难以控制的局面。然而，商品经济的迅速发展与确立，使一切都成了待价而沽的商品，彻底释放了人类的贪欲。事实上，哲学上的"主客二分"的观点，西方基督教中人与自然的二元论的观点，归根结底都是为商品经济服务的。这种经济模式下所塑造的"人"被称之为"经济人"，其以追求自身利润最大化为根本目标，关注个人的利益和短期的利益。因此，其经济行为往往带有负外部性特征。这种负外部性既包括生产的负外部性，也包括消费的负外部性。"公地悲剧"充分说明了经济行为负外部性的恶果。一般各国均通过政府制定管制、税收等公共政策来解决这一问题。然而，正如市场失灵一样，政府也同样存在失灵问题。这便使得原本严重的环境问题雪上加霜。与此同时，这种经济模式的确立加速了贫富分化，包括国家之间、一国的不同人群不同地区之间的贫富分化。而这些贫困的国家、地区为了生存与发展，采取过度开采资源的方式发展经济，造成森林大面积减少、水土流失、土地荒漠化严重、各种自然灾害频发，从而陷入贫困和生态环境退化的恶性循环之中不能自拔。且就世界范围而言，建立在商品经济基础之上的传统的生产方式和消费方式本身就是不可持续的，这种高能耗、高物耗及高污染的生产方式，必然会造成严重的污染问题。

二、环境问题引起的理论转变

（一）西方传统哲学的转变

对于生态危机的产生，西方哲学传统有着不可推卸的责任。从古希腊哲学家柏拉图，到近代的伽利略、培根和笛卡儿，皆主张"主客二分"的哲学思想。尤其是笛卡儿，为这一哲学思想的最终确立，做出了巨大贡献，因而有"现代哲学之父"之称。其最根本的思想是"我思故我在"，自由理性的人由此产生。世界被机械地看成人类可以利用的客体，主体是精神，精神之外的一切都是客体。在这种哲学思想的指导下，作为主体的人类，不断地征服、控制客观世界，虐杀动物、砍伐森林、开荒种地都是正当的。自然界只是人类社会经济发展的资源库，它们仅具有工具价值，并不具有任何内在价值。这是典型的人类中心主义的观点，它使人类以自我为中心的观念发展到极致，是造成全球性生态危机的思想根源所在。从某种程度上而言，生态危机同样是一场哲学危机。人类若想自我救赎，需要一种全新的哲学思想来指导人类的行动并指明前进的方向，生态哲学应运而生。生态哲学就人类面临的环境问题，从本体论、认识论、价值论等方面，对人与自然之间的关系进行新的思考与定位。生态哲学有很多流派，有整体主义与个体主义，仁慈主义与自然主义等区分。然而总的来说，生态哲学排斥简单的"主客二分"的哲学，排斥工具价值与内在价值的划分，反对机械论的世界观，认为人是自然界的组成部分，不是所谓的最高存在者，更不是自然界中仅有的主体。人与自然相比是十分渺小的，自然是人类赖以生存的基础，不同的自然物也具有一定的主体性。人类的活动必须遵循自然规律，逻辑与科学只是人类认识自然界的工具。因此，人类必须与其他生物共生共存，人类的经济活动实践也必然受生态系统的承载能力的限制。

（二）环境伦理学的建立

传统伦理学也在发生根本性的变革。传统伦理学认为，只有人与人之间才具有道德关系，人与自然物之间是没有道德可言的。而环境伦理学将自然物纳入人类的道德关怀的范围，伦理不仅仅是指人与人之间的关系，人与自然之间的关系亦是一种伦理性关系。具体而言，环境伦理学有动物权理论、生物中心论、生态中心论等种种流派，其观点虽有差别，但其主要方面基本相同，皆认为自然界所有的生物，甚至整个自然界皆是道德共同体，与人一样具有道德地位，且这种道德地位取得的标准不能简单地归结为主体性，自然界的其他存在物同样具有内在价值，这是其取得道德资格的基本前提。

（三）环境正义的产生

在美国，环境权理论与实践的发展与进步、国民环保意识和法治观念密不可分。环境公共信托原则使环境权理论在美国内部寻求到了理论支撑。然而，一项权利的法律设置，必须有其价值依托，而源于美国民间的环境正义运动以实际行动重新解读了环境保护背景下的正义理论，成为环境权，当然也包括环境人格权的价值基础。美国的环境正义运动始于1982年北卡罗来纳州的沃伦社区，这里的居民经济地位低下，大部分是非洲裔美国人。美国政府要在这里设置有毒废弃物填埋场，用于处理多氯联苯（PCBs）这一有毒有害物质，引起当地民众不满，因此爆发了大规模的抵制运动，这一运动很快引起全国的关注，并由此引发了种族歧视问题探讨，环境正义运动由此拉开帷幕。其主要内容是要解决环境负担不公平与利益分配不公平等问题。这种理念很快在国民中引起了共鸣，环境正义运动不断发展与壮大，有关环境正义的理论研究也不断深入。环境正义运动最初与种族歧视问题联系在一起，主要是在环境方面反对种族歧视，美国在1983年进行的抽样调查显示，在其所调查的区域内，有四分之三的有毒有害废弃物处理地位于以非洲裔美国人为主要成员的社区，初步证明了美国环境政策与种族歧视之间的联系。这与美国特殊的文化背景密切相关。这使人们意识到，污染问题的发生，并非如人们之前所认为的那样，仅仅是一个偶然事件，而是具有一定的必然性。因此1991年在华盛顿召开了以环境正义为主题的全美大会，并制定了相应的规则。1994年克林顿总统签发了关于环境正义的执行令，在这一执行令中，要求联邦政府纠正其在有关项目、政策和行为中对少数民族群体和低收入群体的歧视，并认为联邦政府有实现环境正义的使命。其实，克林顿总统的执行令所主张的环境正义的内涵，较之前的有关环境正义的论述有所不同，既考虑到环境负担不公平和利益分配不公平等问题，同时也将环境法的实施以及公众参与纳入考量的范围。并且遭受环境非正义的群体不仅仅包括少数民族群体，也包括低收入群体。更为重要的是，在执行令中，环境正义不仅仅是作为一个社会问题而存在的，而是作为政府意欲实现的目标。1998年，美国国家环境保护局在这一基础上提出了有关环境正义的定义[1]。事实上，环境正义运动表明了这样一种立场，就是无论什么样的人，不论其性别、民族或其拥有多少财产，都对环境享有平等的权利，如清洁水权、清洁空气权，等等，是传统正义理论在环境领域的体现。从根本上讲，环境正义是正义理论在生态危机背景下的新拓展，其内容从传统的仅仅关注人类内部正义、当代正义扩展至代内正义、代际正义、种际正义三个方面。美国的环境正义理论正是其环境权的价值基础。

三、环境问题私法规制的优势

（一）环境问题公法规制的不足

对环境问题，各国一般采用公法手段进行调整。其根本原因在于，环境问题是个典型的外部性问题，"即任何一个社会个体包括个人和企业等在经济活动中均不计环境成本，将自身的利益建立在环境成本由社会分担的基础之上"[2]。负外部性问题的出现，根源于市场经济条件下，经济人对自身利益最大化的追逐，是一种典型的损人利己的行为。同时，环境资源是一种典型的公共产品，从经济学角度来讲，公共产品是指消费中不需要竞争的非专有物品。[3]这类产品的主要特点，首先是一个人消费这种产品不影响其

---

[1] 该定义为"所有人在环境法律制度、环境管理和环境政策的发展、执行和实施方面，不分种族、肤色、国别和收入的公平对待和富有意义的参与。公平对待意味着不应有任何人群，包括种族、少数民族或社会经济团体会由于政治或经济力量的缺乏而被迫承担暴露于污染不利影响中的不成比例的份额"。

[2] 李昌麒. 经济法学 [M]. 北京：法律出版社，2008：36.

[3] 萨缪尔森，诺德豪斯. 经济学[M]. 高鸿业，等，译. 北京：中国发展出版社，1992：194.

他任何消费者的消费，即所谓的"非竞争性消费"；其次，杜绝消费这类产品而不付钱之"揩油者"的费用太高，以至于没有一个追求利润最大化的私人厂商愿意供应这类产品。[1]有人也将其概括为非排他性和非竞争性。由于环境物品具备这两种特性，所以单靠私法的力量难以协调受益人和受害者之间的这种利益平衡。因此，各个国家毫无例外地首选公法作为遏制环境问题的手段，企图通过国家干预的方式，达到外部性内部化的目的，而无论从理论上还是从实践方面来看，政府确实具有这样的先天优势，并在一定程度上抑制了环境问题继续恶化。因此，很多学者认为环境本身就是受公法保护的客体，其性质是不言而喻的。且就环境问题的立法状况来看，大部分国家将其归入宪法，或者将其纳入环境基本法当中，可见，环境应该是由公法进行保护的。然而，人们发现，政府也同样存在失灵问题，因为从根本上来说，政府本身也是经济人，也存在有限理性。笔者在这里并非要否认公法在对环境提供保护方面所具有的无可比拟的优势和作用，从而否认以公法手段实现环境保护的进路。笔者只是认为，公法手段也并非万能的，其本身亦存在不足，而从某种程度上来说，私法手段则正好可以弥补这种不足。公私法相结合对环境权进行保护，应该是比较而言更为可取的选择。

作为应对"公地悲剧"的进路选择之一，政府管制一直被认为是遏制环境问题的有效手段，是克服市场失灵、解决经济主体负外部性、内化社会成本的不二法宝。然而，事实情况却不如预期的那样理想。政府管制确实具有其独特的优势，可以弥补市场的缺陷与不足，但是，政府管制也存在一定程度的缺陷，亦即政府失灵，它是指"个人对公共物品的需求在现代化代议制民主政治中得不到很好的满足，公共部门在提供公共物品时趋向于浪费和滥用资源，致使公共支出规模过大或者效率低下，预算出现偏差，政府的活动并不是像应该的那样或像理论上所说能够做到的那样有效"[2]。一般而言，政府行为是不计成本的，即使存在成本计算问题，也很难像市场主体那样准确，因此会使其提供的公共物品超出实际需求，浪费社会资源。公法基本上是从管控角度进行环境治理的，其主要目标是为了维护公共利益，这种法律制度很难发挥其激励作用。之所以采用公法方式应对"公地悲剧"，其主要目的在于克服经济主体的负外部性问题。然而，政府行为亦存在负外部性问题。由于缺乏经济约束机制，政府行为即使存在失误，也由国家或社会承担不利后果。就我国而言，虽然环境法律不断完善，然而尚未建立完善的体系。各国的环境法律体系中，以污染防治为主体，公共权力也主要设置在防治和控制污染上。这是一种重在污染防治而轻保护的模式。事实上，这一现象是典型的先污染后治理模式下的权力配置模式，导致了环境问题的不断恶化。

（二）环境资源价值的稀缺性

自人类产生开始，环境资源的经济价值就为人类发现并不断得到法律确认。尤其是市场经济的建立，使得环境资源的经济价值得到了充分的肯定，它是现代文明与经济繁荣的物质基础，是工业文明得以建成的前提。在市场机制的作用下，人类过分专注于环境资源经济价值的开发利用，对于环境资源的其他非经济价值却视而不见。从根本上来

[1] 钱弘道. 经济分析法学[M]. 北京：法律出版社，2003：188.
[2] 忻林. 布坎南的政府失败理论及其对我国政府改革的启示[J]. 政治学研究，2000（3）：86-94.

说，环境资源的价值是多元的，除具有经济价值之外，还具有生态价值、审美及娱乐消遣等精神价值。对环境资源生态价值的确认，是人类对生态危机进行理性反思的结果，是对人与自然之间的关系进行重新认识的必然结论。对环境资源经济价值的片面追求，完全忽略了其所具有的更为重要的生态功能，以致造成今天难以解决的生态危机。它使人类逐渐认识到了环境资源所具有的生态价值，并将其置于比经济价值更高、更重要的位置。而环境资源所具有的美学、娱乐消遣等精神价值，并非今天才被发现的。我们都曾感受过自然美，它使我们精神愉悦，心旷神怡，能够净化我们的灵魂，激发我们的潜能。人类很早就开始关注环境资源的精神价值。古希腊时期的人们就认为，自然本身就是美的，并且成为艺术模仿的对象。而对这种环境美学的肯定，在中国古代的诗词、绘画及园林建筑中得到了更为全面的阐释，自然美成为诗人、画家赞美的对象。我国古代的道家学派就崇尚自然美，认为和谐的就是美的，并强调在自然中去体验这种美，达到"天人合一"的境界。《庄子·天道》中写道："夫虚静、恬淡、寂漠、无为者，万物之本也。……以此退居而闲游，江海、山林之士服。以此进为而抚世，则功大名显而天下一也。静而圣，动而王，无为也而尊，朴素而天下莫能与之争美。"但是，由于当时并没有所谓的环境问题，更谈不上什么生态危机。因此，环境资源的美学价值作为一种公共资源，并非什么稀缺资源，且获得它并不需要付出相应的代价，因而也就没有必要对其进行法律规制。然而今天的自然已经满目疮痍，由于环境危机出现，环境资源的非经济价值的稀缺性逐渐显现，成为法律应该予以保护的客体。环境权正是对环境资源多元价值进行肯定的权利设计。

（三）私法本身的生态转向

私法是市场经济规则的法律记载与表述，它从法律角度记述了市场交易的规则，市场在资源配置中的基础作用，主要是依靠私法的权利分配机制来保障的。可以说私法是市场机制的法律表达。正是从这个意义上来说，私法是市场经济的基本法。环境资源的稀缺性，使其具备了商品的基本特性，依靠市场的资源配置作用和市场激励机制来保护环境就具备了基本的前提和基础。正因为如此，2017年我国在《民法总则》中确立了生态保护原则。传统概念法学思维模式中，私法是一个封闭的系统。然而事实上，私法系统以其独特的方式，不断适应社会的发展变迁。私法基本原则的设定就是私法体系保持开放性的一种方式。所谓私法的基本原则是指在整个私法制度中最根本的、指导整个私法活动（包括立法、执法、司法）的基础的本源性的行为准则。它可以说是整个私法的灵魂，体现了整个私法的价值目标和理念。同时，它是市场经济本质和规律的法律体现，集中反映了统治阶级在私法领域的基本政策。它作为一种指导性的准则，其设置的目的就在于弥补私法规范、条款和概念滞后性及本身存在的漏洞。私法基本原则一般都不具有确定性概念。因此可以根据不同情况做出不同的理解，从而使私法保持了适度的开放性，可以通过对私法基本原则的解释，来应对不断出现的社会问题。但是这也并不是说，对私法的基本原则可以做出任意解释，其解释必须符合社会基本价值观念和法律的基本内涵，以保证社会基本价值的连续性和维护法律的权威性。因此，事实上概念法学下的私法体系，较之英美法系相关法律制度，在开放性方面虽有所不及，但并不是封闭的和僵化的，其自有一套应对社会变迁的方式和方法。虽然实现方式不同，但基本目的是一样的，就是为社会实践、经济发展服务。

四、公法与私法在环境保护方面的协作

正是以上原因的存在，我们才认为，公法在环境权保护过程中并不是万能的。当然，笔者也并非认为只有私法才能够保护生态环境，只是主张公法可以弥补私法的不足，私法同样可以弥补公法的缺陷。各有所长，也各有所短。权利对权力约束机制的形成，亦是现代法治的一个方向，公民通过行使权利，既可以保护个人合法权益，又可以实现对政府权力的有效控制。因此，只有公法与私法相结合，才能够全面保障环境权利。本书正是基于这样一种理念，从私法角度对环境权进行研究，以促使对生态环境进行全面保护。

对环境人格权这一权利进行学术上的研究和探讨，笔者正是基于这一基本理念，即环境保护不能仅仅依靠公法制度，私法亦可发挥重要的作用。从本质上来讲，现代的生态危机正是市场经济发展所带来的副产品。正是在这种意义上我们说现代的生态危机是市场经济不断发展的累积负效果，那么通过市场手段来解决环境问题就具有了显而易见的正当性基础。因此可以说，通过市场激励手段、利用市场的利益驱动机制去解决环境问题，亦是应对生态危机的一种比较可取的手段。环境人格权设定正是基于从私法角度对环境问题进行保护的考量而提出的，可以说环境人格权从本质上来说就是一种私权，一种在适宜的环境中生存的基本人权。因此如何在私法体系中进行设定，是环境人格权立法的关键问题所在。然而，当我们在认真研究与考究环境人格权的各项内容时亦会发现，仅仅将其在私法中进行设置并不足以保护这一权利，因为从实际情况来讲，所谓适宜的环境需要进行科学的界定，达到什么标准是法律上所说的"适宜"。这个时候你会发现，环境人格权的私法设置是完全建立在公法的基础之上的，环境人格权的宪法规定，是人的形象在宪法上的重塑，是人的生物性尊严的最高体现和人格自由发展的必然要求，为环境人格权的具体规定提供源泉和效力基础。行政法中的环境影响评价制度、"三同时"制度、环境标准与监测制度、环境事故报告及处理制度，为环境人格权提供了周延的制度保护基础。通过环境行政责任、环境人格权民事纠纷行政解决及环境行政公益诉讼制度，从行政法救济的角度为环境人格权提供了公法救济手段。环境人格权损害是一种基于环境污染与破坏所形成的新的损害类型，目前我国法律中并没有明确、具体的规定来认定此类损害。一般来讲都是依据后果来界定的，对于损害危险则甚少提及。环境人格权损害从本质上来讲就是一种生态损害，其损害的法律界定需要借助一定的科学技术手段，比如确定环境标准、进行环境监测、公布环境信息，以及进行生态损害评估等，这一系列科学技术手段的运用都需要借助公法手段来实施。因此在环境保护领域，并没有绝对的公法与私法的明确划分，公法与私法手段都在各自领域发挥自己的独特作用，当然本书也并不是说私法可以取代公法的位置，而只是要说明二者是合作共赢的关系，不是非此即彼的。

第一章　环境人格权基本理论

一、环境人格权的基本内涵

由于环境人格权的提出时间并不长，因此环境人格权是什么是本章首先要解决的问题。环境人格权是一种新型的权利，所以其相关研究并不多见，对其内涵的界定虽然重要，却也面临诸多困难。环境人格权是环境权与人格权相结合的产物，因此对其内涵的把握离不开对环境权和人格权的内涵论证。只有认真研究环境权的内涵特点，才能从本质上把握什么是环境人格权，也才能领会为什么笔者一再强调环境人格权是作为环境权的子权利而存在的。

（一）环境权的内涵探讨

外国学者一般在三个方面使用环境权的概念：一是环境权是作为一种新的、独立的人权而存在的；二是环境权包含于已经存在的人权之中；三是环境权是作为环境本身享有的权利而存在的，而不是受环境影响的人的权利。但是从语义上分析，我国学者认为环境权有两种含义：一种是"环境的权利"（environmental rights）；一种是"对环境的权利"（the right to environment）。事实上，这两种不同的观点是两种不同的环境伦理学的反映。"环境的权利"意指环境所享有的权利，是生态中心主义环境伦理观念的折射，将环境或者环境因素置于主体地位，使其拥有主体资格。目前有的学者所主张的动物权利论、自然体的权利论等皆源于此。而"对环境的权利"则是指人类对环境所享有的权利，是人类中心主义环境伦理学的体现。但它与传统的人类中心主义也存在很大不同。现代的人类中心主义观点，不是人类以统治者或者征服者的姿态出现，而是建立在人与自然和谐相处、人对于自然重新认识和解读的基础之上的。而生态中心主义虽然强调了环境或者说环境要素的地位，然而它却缺乏可操作性，动摇了整个法律制度的根本，引起了人们的惶恐和不安。因此，这里所讲的环境权，是指以现代人类中心主义为基础的对环境的权利。

环境权一词源于20世纪70年代，迄今为止，尚未有一个比较经典的概念可以精确地概括和解释环境权一词的丰富内涵。1972年联合国人类环境会议通过的《人类环境宣言》被认为是对环境权比较精辟的诠释，它宣称："人类有权在一种能够过尊严和福利的生活环境中，享有自由、平等和充足的生活条件的基本权利，并且负有保护和改善这一代和将来的世世代代的环境的庄严责任。"事实上，对环境权内涵的探究，离不开对权利一词的历史追溯，只是在不同的社会背景下，权利的含义也有所不同。罗马法时期已经有了权利观念的雏形，在罗马法中，权利与法律基本上为同一词源，都是有关正义与非正义的学问。一直到教会法全盛时期，法律与权利才开始分离。权利是主观的理性精神，而法律却是客观的规范，权利应符合法律的要求。直到17世纪以后，民族国家兴起，西方国家的法律开始具有了地域性的特点。但是教会法中的权利观念却在西方世界流传开来。在西方，权利一词一般被视为近代个人主义和自由主义的产物，是近现代法律研究的核心问题，一直到现在，形成了众多的有关权利的观念。利益、要求、自由及资格等都曾作为权利的本质被论及，却也没能形成一致的概念。但是通过西方权利概念从个人权利向社会权利的过渡，被我们也可以看出，权利观念是随着社会的发展变化而不断变化的，它不是一成不变的永恒的法律术语。张文显教授也曾总结我国有关权利本质的学说，认为主要有八种。他本人则认为："权利是规定或隐含在法律规范中，实现于法律关系中的主体以相对自由的作为或不作为的方式获得利益的一种手段。"[1]

环境权产生于全球化的生态危机。蔡守秋教授认为，1960年的Dr. S. V. Federal Republic of German案，是环境权利观念形成的标志。而卡森于1962年出版的《寂静的春天》一书，则促进了公众环境权利意识的成熟和发展。蔡守秋教授将环境权分为广义环境权和狭义环境权。但是其所谓的广义和狭义仅仅是就环境权的主体而言的。在他看来，广义环境权的主体包括了自然人、法人、国家，等等，而当从狭义的角度理解环境权时，其主体仅仅是指公民。[2]

徐祥民教授则认为所谓的环境权指的是"人类环境权"。按照联合国教科文组织前顾问卡雷尔·瓦萨克"三代人权"的划分，环境权隶属于第三代人权。作为与全球相互依存现象回应的第三代人权为一种连带的权利（the solidarity rights），其含义为环境权是一种社会权，与公益相关，其特点是权利、义务是有相关性和不可分性的。事实上，《人类环境宣言》所宣称的环境正是"人类环境"，其主要意图是对人类的整体环境进行保护和改善，并不是指个人的或者说少数人的环境。其立足点是作为整体的人类，而不是个人。徐祥民教授还引用了张文显教授有关权利义务分类情况的阐述作为自己观点成立的佐证。[3]

陈泉生教授通过分析目前国际上颇受关注的环境伦理学的观念，试图给环境权下一个比较全面的定义，他的环境伦理依据为可持续发展与代际公平等。可持续发展是指"既满足当代人的需要，又不对后代人满足其需要的能力构成危害的发展"。代际公平的一个重要的概念是"托管"，这一概念意味着我们每一代人都是后代人的受托人，后代人是委托人。作为后代人的受托人，我们每一代人都负有责任和义务来保护地球和环境，并将其完好地交给我们的子孙后代。事实上，代际公平是作为可持续发展理论的一个重要内容而存在的。这一环境理论提出以后，立刻获得了广泛的认同。1992年联合国环境与发展大会通过的《里约环境与发展宣言》指出："人类处于普遍受关注的可持续发展问题的中心，他们应享有以与自然相和谐的方式过健康而富有生产成果的生活的权利。"2002年在南非约翰内斯堡召开的可持续发展世界首脑会议，以可持续发展为理念，制定了很多具有实际意义的目标。国外甚至有学者依据环境伦理学提出了动物权理论，甚至赋予自然物以法律资格，并出现了以自然物作为诉讼主体的司法实践。但是陈泉生教授并不支持动物权理论。他对环境权的定义为：环境法律关系的主体享有适宜健康和良好生活的环境，以及合理利用环境资源的基本权利。[4]

吕忠梅教授首先肯定了环境权是一种人权。20世纪70年代，国际法学者雷诺·卡辛

[1] 张文显. 马克思主义法理学理论与方法论[M]. 长春：吉林大学出版社，1993：320.

[2] 蔡守秋. 环境权初探[J]. 中国社会科学，1982（3）：29-39.

[3] 徐祥民. 环境权论：人权发展历史分期的视角[J]. 中国社会科学，2004（4）：125-138.

[4] 陈泉生. 环境权之辨析[J]. 中国法学，1997（2）：61-69.

向海牙法院提交的一份报告中认为环境权作为一种人权，应包括足够的软水、纯净的空气等，最终保证人类能够在地球上继续生存。1973年维也纳欧洲环境部长会议上，肯定了环境权的人权性质，并将其作为《世界人权宣言》的补充。[1]因此，吕忠梅教授认为，作为一种人权，环境权的主体只能是人。法律上的环境权只能是公民环境权。吕忠梅教授从私法角度，将环境权界定为："公民享有的在不被污染和破坏的环境中生存及利用环境资源的权利。"[2]

汪劲教授认为环境权理论是由美国学者萨克斯率先提出的。萨克斯依据公共信托理论来诠释环境权产生的理论背景。汪劲教授认为萨克斯的环境权理论，具有英美法系财产权的特征，属于一种多元财产体制。王明远教授鉴于环境权概念中主体、客体、内容难以统一、界限模糊的特点，提出程序环境权的观点。[3]

以上是我国学者对环境权的内涵阐述比较有影响力的几种观点。然而，由于环境权的界限模糊，各学者也仅能从某一方面来揭示环境权概念所具有的本质特点，难以全面揭露它所具有的深刻内涵，笔者也面临同样的困境。由于笔者仅仅是从私法角度对环境权理论进行论证，与吕忠梅教授一样，也只是力图从私法角度来揭示这一权利的本质内涵。但是，无论观点如何不同，我们都可以看出，各学者所认定的环境权都毫无异议地包含一种人格利益，这正是笔者切入的角度，这也是本文论证的前提。因此笔者认为，所谓环境权是指民事主体所享有的在适宜的环境中生存和发展的权利。

（二）人格权的内涵

若要对人格权的内涵进行界定，笔者认为首先应了解其历史演进脉络。人格权一词是近现代法学理论发展的结果，在古代社会并不存在，但是人格这一概念却古来有之，一般认为，这一概念为罗马法首创，罗马法所创设的这一法律技术用语最初含有"面具"之意，但这一"面具"也并非所有人都能享有的，只有那些具备一定条件（一般来说是指身份上的条件）的人才能拥有，并进一步成为法律关系的主体，享有一定的权利，并承担相应的义务。这些人被称为"人格人"或者是"法律人"，并在户籍登记册上作为一章。这也就是说，在当时的罗马，人格人是一种身份上的概念，即"是否为罗马城邦所承认为其正式的成员"。如果被承认为罗马城邦的正式成员，则意味着可以接受罗马市民法的调整，享受其所有的权利并承担义务。在罗马法中的法律人格，仅仅是一种身份的存在而已。但是从法律的角度来看，这一法律术语却具有十分重要的意义，使得生物意义上的人与法律中的人实现了法律上的分离，成为罗马法乃至后世私法中人法的基本框架。《法国民法典》并没有直接使用人格这一概念，由于《法国民法典》深受自然法思想的影响，因此，在法国学者看来，自然法的效力是高于实在法的，人的平等、自由、尊严等伦理价值是人本身所固有的东西，既不是实在法所创设的，也不能成为实在法中的人所能享有的东西，它们出自自然法则，产生于自然理性。因而，这些价值就成为法国实在法的基础，也就是说法国实在法应当对这些内容提供直接的保护。从

[1] 吕忠梅. 论公民环境权[J]. 法学研究，1995（6）：60-67.

[2] 吕忠梅. 沟通与协调之途：论公民环境权的民法保护[M]. 北京：中国人民大学出版社，2005：24.

[3] 王明远. 略论环境侵权救济法律制度的基本内容和结构：从环境权的视角分析[J]. 重庆环境科学，2001（4）：17-20.

这里我们可以看出，《法国民法典》是从比实在法更高的角度来看待人格的，这种理念，也就使得其不可能规定人格权，只能采取"人之本体"的保护模式，因而其在第八条规定："所有法国人都享有民事权利"，这样既保留了罗马私法中"生物人与法律人相分离的立法技术"，又使得法律人与生物人实现了外延上的一致。《德国民法典》中人格一词虽并未出现，但是却蜕化成"权利能力"，成为"生物人"向"法律人"过渡的桥梁，换句话来讲，"权利能力"事实上就是"生物人"成为"法律人"的资格和条件。但是我们必须清楚的是，《德国民法典》虽然与《法国民法典》所接受的思想有所不同，但是对人的伦理价值都是采取了相同的保护方式，并没有将其视为人可享有的一项权利进行规定，仍然是将其视为人所固有的东西，采取了消极的保护方式，将对人之伦理价值的保护完全委诸侵权法，这一情况说明了理论上的困惑与无奈。

那么究竟什么是人格，王利明教授认为，从法律上来讲人格具有三层含义：一是指法律地位而言，具体来讲就是指"一种抽象与平等的法律地位"，这是民事主体取得权利的"基本资格"；二是指民事权利能力，在近现代的私法制度中，民事权利能力是作为民事主体的必备条件；三是指人格利益，这是从人格权客体的角度来界定人格概念的。而这又与学者对人格权客体的理解密切相关，在王利明教授看来，人格权的客体乃为人格利益，因此，在使用人格权一词时，人格所指的就是人格利益。[1]杨立新教授也是从这三个角度对人格一词进行的解读。[2]马俊驹教授则认为，人格是自然法上的概念，其从本质上来讲就是指人的伦理价值，它是一种"根源性、原则性的理性信念"，而将人格权视为人格这种自然法理念在实在法上的表现。笔者认为无论哪种理解，我们都可以看出，人格与我们所说的人格权中的人格其含义都是不相同的，从罗马法时代就已经产生的人格这一法律术语，在近现代民法中已经蜕化成权利能力，在法律上这一词汇可以说已经不复存在。而我们现如今所热烈探讨的人格权当中的人格，其含义早已经发生了本质性的变化，人格权中的人格既不是一种法律地位，更不是一种权利能力，这里所指的人格仅仅是从人格权客体的角度使用的，因此，我们必须从理论上加以区分。

人格权这一概念的出现，是近现代以后的事情，但是具体由哪位学者率先提出的，尚存在争论。我国有学者认为这一概念最初是由荷兰学者胡果提出的[3]，而胡果本人则认为最早提出人格权理论的为16世纪的法学家海尔曼。但是无论是哪位学者提出的人格权的概念，我们都可以大体了解到，早在16世纪时，就已经提出了人格权的概念。到了19世纪，学者们开始从理论上来探讨这一权利，如法国学者本陶德、莫勒特，德国学者加雷斯、基尔迈等。第二次世界大战之后，人格权理论获得了极大的发展，第二次世界大战的血腥教训使人们充分认识到，在法律上确定人格权制度的重要意义，人文主义精神重新得到重视。而现代意义上的人格权一词出现于20世纪中叶，确切地说，是在1954年，这一年法国所有的法学论文和手册中都有关于人格权的一章，并成为法国各大法学院必设的课程。[4]德国在宪法中创设了一般人格权制度，并通过法院实践展开对人格权的保护，许多国家在民法典中也规定了具体的人格权，美国的隐私权理论取得了重大的

[1] 王利明. 人格权法研究[M]. 北京：中国人民大学出版社，2005：7.

[2] 杨立新. 人格权法[M]. 北京：法律出版社，2011：10.

[3] 徐国栋. 寻找丢失的人格[J]. 法律科学（西北政法学院学报），2004（6）：71-79.

[4] POPOVICI A. Personality rights—a civil law concept[J]. Loyola law Review. 2004，50：351.

发展。

但是，即便是人格权在理论和制度上取得了如此丰硕的成就，仍然有学者否认人格权概念的存在，认为权利作为主体与客体之间的法律联系，是一种人对物的支配关系，而人格权的客体则会反指向主体本身，造成主客体混同，因此这一概念是不能成立的。在我国，有关人格权的客体问题，主流学说认为是人格利益，这一论断主要源于对权利本质的理解。有关权利本质存在多种学说。我国法学界以法力说为通说，认为权利"乃享受特定利益之法律上之力也"。[1]马俊驹认为人格权的客体并非人格利益，将人格利益作为人格权之客体，实为无奈之举，其目的是要在理论上证成人格权，需要借助外在于人的客体来进行衔接。然而在具体表述中却语焉不详，尤其是人格利益乃为人身外之物，以其作为客体，这与人格权本身所具有的与人身的不可分离性是存在矛盾和冲突的。因此，马俊驹教授认为人格权的客体为人格，具体而言就是指人格诸要素。其主要理由在于"人格权是人格及其诸要素在实在法上的体现"，且"人的伦理价值即人格诸要素已非完全'内在于人'，其'外在化'已成为社会发展的客观需要"。[2]他认为，由于作为人与人之间关系界定的法律关系，应该是具体的，而不是抽象的，因此"法律关系的客体"也应当是针对特定权利特性的，亦即"权利效力之所及，才是权利对象（客体）之所在"。从这一论证中可以看出，马俊驹教授在某种程度上认为法律关系客体与权利客体是相同的，因而得出结论，人格权法律关系的客体是"人的伦理价值"，具体包括生命、健康、身体、自由、尊严等。他进一步指出，"详而言之，人格权的客体，首先是作为整体的'人的伦理价值'，而生命、健康、身体、自由、尊严、隐私、知情、居住环境等形态，不过是人的伦理价值的具体化，并且不能囊括人的伦理价值的全部，于是人格权的客体，就可以有'具体客体'与'一般客体'之分。在'具体客体'中，人格权所支配的，是作为'整体'的'生命、健康、身体、自由、尊严、隐私、知情、居住环境'等形态，而不应将这些客体形态中的某一部分，与人格权的客体相对应"[3]。人格权中的人格与作为主体的人格并非同一含义。马俊驹教授认为人格权中的人格是指自然人主体性要素的总称。可见人格权中的人格指向的是人的本体。但是周云涛博士并不承认马俊驹教授所谓的"权利是人与人的事物的法律上连接"的观点，认为这是一种纯哲学式的思考方式，而我们应当将权利放置于法律语境下进行探讨，因此，周云涛博士认为人格权的客体不需要经过外在化，即形成外在于人的伦理价值，从法律关系的角度来说，客体就是人本身，也就是指人的伦理构成要素。这里需要明确的是，从某种程度上来看，周云涛认为权利客体与法律关系客体应是同一事物，并未加以区分。胡平仁、梁晨在探讨人格权理论时认为，人格权的概念能否成立，关键取决于对人格权客体的探讨。人格权的发展经历了从身份人格到抽象人格再到具体人格的发展历程，然而，人格权概念的证成却遭遇了理论上的困境，哲学与法学主客二分的思考模式，使得近代民法典中基本没有人格权的正式概念，对人格权的保护只是建立在人之本体的法律保护模式的基础之上。因为就权利而言，理论上认为其是人与其身外之物联系的纽带和桥梁，而人格权概念的成立，则说明人既是权利主体，又是客体，这与传统的主客二元

[1] 郑玉波.民法总则[M].北京：中国政法大学出版社，2003：62.
[2] 马俊驹.人格和人格权理论讲稿[M].北京：法律出版社，2009：101.
[3] 同上书：156.

划分理论相悖。然而这一理论存在的主要依据，首先是对主体，即人是什么没有进行深入的思考，人是不是就是指一种物质实体的存在，还是单纯地指精神的享有，抑或是二者的结合？在传统法学视角下，人的精神与物质实体是统一的，然而却甚少关注二者也是可以分离的。正是基于这一前提，作者对人格权的客体进行了相应的探讨，认为人格权的客体是人格，具体来讲包含了人的伦理价值和人格利益的统一，这里的人的伦理价值是指人格尊严、人格自由和人格独立等人之所以为人之最为根本和抽象的事物，人格利益是指人格的伦理价值的外在表现。因此"人格权是内在于人的伦理价值与外在于人的人格利益的统一"。这就是作者所称的"二元人格权理论"。[1]事实上，笔者认为马俊驹教授对人格权客体的探讨，也隐含了这一观点，他在研究中认为人格权的客体为"人之人格"，这里的人格所指代的既是人格要素，又是人的伦理价值，因为从他的论述中我们似乎可以看到，其认为人格要素与人的伦理价值是等同的。人格要素是人的伦理价值的具体化的体现。所以从这一点可以看出，马俊驹教授所指的人格既是指人的伦理价值，又可以具体化为人的具体的人格要素。可以说马俊驹教授所指人格权的客体也具有"二元化"的特征，既包括抽象的人的伦理价值，也包括具体的人的伦理诸要素。笔者认为，对人格权的客体问题的探讨确实具有非常重要的意义，是研究人格权基本概念不可逾越的一个问题。并且就人格权的客体而言，笔者也认为确实可以简单地归结为人格，但此处的人格并非传统意义上的人格，两者含义并不相同。这一点在前面已经具体探讨过，人格权中的人格不再是一种标准和身份，人格权中的人格是作为人格权的客体而存在的。因此我们可以说人格权的客体就是人格，在一般人格权中应该是指人的伦理价值，具体而言应该是指人的伦理要素，而不是人格利益。笔者认为将人格利益作为人格权的客体，实在是无奈之举，是为了克服传统"内在于人"立法模式的弊端，符合传统法律观念的权宜之计，是源于对权利本质的认识。然而，笔者认为这一认识的弊端也是显而易见的，就权利的本质而言，利益说虽然有一定的道理，但是也不是没有缺陷的，权利确实是一种受法律保护的利益，但是这种表述恰恰说明权利与利益是同质的，权利只不过是类型化的、并被赋予法律强制力的利益而已，并不能说明权利的客体是一种利益，充其量只能说明利益是权利的目的，而不是权利的客体。将权利的客体理解为一种利益，笔者认为这种认识混淆了权利的客体和目的之间的界限。另外，将人格权的客体界定为人格利益，虽然表面上看来似乎确实克服了人格权客体反指人本身即人格权主体这一困扰学者多年的难题，但是由于与人格权本质属性相悖，使得人格权这一本就十分抽象的概念显得更加扑朔迷离。

并且人格权从根本上来说不是一项法定权利，是人生而享有的权利，如果将其视为一项法定权利，则与其自然属性不相符，同时将生命、身体、自由等原本高于物权、债权等之上权利，与其相并列，这从某种程度上来说，降低了其应有的位置。[2]上述对人格权概念的否定深受自然法思想的影响，并且深受人格权客体问题的困扰，这也是一直以来各国的民法典中未曾将人格权独立成编并具体从法律上确立人格权的原因。但是我们必须明确的是，如今大陆法系各国已经普遍接受了这一概念，英美法系虽然没有具体

[1] 胡平仁，梁晨. 人的伦理价值与人的人格利益：人格权内涵的法哲学解读[J]. 法律科学（西北政法大学学报），2012（4）：11-24.
[2] 龙显铭. 私法上人格权之保护[M]. 上海：中华书局，1948：2.

规定人格权，但是已经接受了隐私权的相关理论，人格权的客观存在已经是毋庸置疑的了，学者的任务应当是如何从理论上证成这一概念。

然而正是由于人格权这一概念的确立仍然存在理论上的困扰，因此各学者对人格权的概念的阐述也并不相同，众说纷纭。但是王利明教授认为大体可以归为从三个角度所下的定义，即从人格权的专属性特征、人格权的客体角度及人格权与人格的关系角度。[1]日本学者五十岚清认为人格权是指，"主要将具有人格属性的生命、身体、健康、名誉、自由、姓名、肖像等为对象的、为了使其自由发展，必须保障其不受任何第三者侵害的多种利益的总称"[2]，这一定义事实上就是从人格权的客体的角度进行界定的。杨立新教授认为"人格权是指民事主体专属享有，以人格利益为客体，为维护民事主体独立人格所必备的固有民事权利"[3]。而王利明教授则认为"人格权是指以主体依法固有的人格利益为客体的，以维护和实现人格平等、人格尊严、人身自由为目标的权利"[4]。比较而言，杨立新教授与王利明教授对人格权的界定，虽然用词不同，但在本质和定义方法方面基本是一致的，都是综合考虑了人格权的专属性特征、人格权的客体及人格权与人格的关系三个方面的因素，因而被我国法学界认为是比较经典的通说。我国很多学者所研究的人格权理论，都是以此为基础而展开的。

在研究人格权理论时，有关人格权概念的界定是不可逾越的，它是人格权理论研究的基石，因此其界定是至关重要的。而要对人格权的内涵进行探讨，则又不能不对人格权的性质、人格的含义及人格权的客体进行研究。在前文笔者已经说明在本书中，或者说现代法律中所使用的人格一词均是在人格权的语境下使用的，其应是作为人格权的客体而出现的。事实上，王利明教授就是在此种意义上使用人格一词的，那么按照他的定义方式，将人格权的客体定义为人格利益是否说明，在他那里人格就等同于人格利益呢？也就是说在人格权中的人格指的并非人的固有的伦理要素或是伦理价值，而是指产生于人的固有伦理要素之上的人格利益，这一点颇让人感到迷惑。但是无论怎样讲，其界定的方法是非常值得肯定的，因此笔者认为人格权应是指民事主体对其人格所享有的、维护其生存和尊严所必备的权利。

（三）环境人格权的内涵界定

生态危机成为威胁人类生存与发展的世界性问题。人们在重新定位人与自然关系的同时，开始积极采取各种手段和措施保护自然环境，法律手段便是最常用，同时也是最有效的方法之一。由于环境问题是具有公益性质的问题，并且其主要是基于经济行为的负外部性产生的，因此最初基本是通过公法手段来应对环境问题的。正因为如此，有人认为环境权是一种公法性质的权利。然而由于经济发展优先的发展理念，利用公法手段并没有解决日益严重的环境问题，反而有愈演愈烈的趋势。因为政府行为同样存在负外部性问题。因而试图让行政机关通过公法手段采取事前排除妨害的措施来抑制环境恶化的想法是相当不现实的，尤其是针对具有公共性的公害环境问题，其

---

[1] 王利明. 人格权法研究[M]. 北京：中国人民大学出版社，2005：7.

[2] 五十岚清. 人格权法[M]. 铃木贤，葛敏，译. 北京：北京大学出版社，2009：7.

[3] 杨立新. 人格权法 [M]. 北京：法律出版社，2011：64.

[4] 王利明. 人格权法研究[M]. 北京：中国人民大学出版社，2005：14.

常常以公共利益为由对抗私人的利益主张。因此，公众愈加质疑公法手段对防止环境恶化的作用，并将希望寄托于私法。从私法角度来讲，各国针对环境问题造成的私人利益的损害，大都是通过侵权行为法进行规制的，且基本采取金钱损害赔偿的方法，对停止侵害、恢复原状等非金钱性救济措施一般甚少关注，即主要采取事后补救的方式，对事前预防措施却没有规定。原有的私法理论和制度并不能对受害者进行全面的保护和救济，更不能有效地制止环境恶化问题。因而需要一种新的理论来突破原有私法理念与制度的束缚，而从私法角度对环境权的重新解读，恰恰能够满足民众的这种法律需求。环境人格权便有了产生的社会基础。

从客观上来说，环境人格权还并非正式的法律术语，可以肯定地说，这是我国学者的专利。但是究竟这一词汇由谁率先提出的，笔者认为学界可能有所误解。我国对环境人格权的探讨，基本上众口一词，认为是吕忠梅教授首创了这一概念，多数的理论探讨也以她对环境人格权的论证作为基本框架。但是吕忠梅教授在其所著的《沟通与协调之途——论公民环境权的民法保护》一书中，阐述了她的环境权民法保护的具体构想，其中就有关于环境人格权制度的具体研究。但是其在"环境人格的确立"一节的脚注中写道："本节内容参考了刘长兴所著《论民法上的环境人格权制度》一文的观点与认识，此论文收集在《2003年环境资源法学国际研讨会论文集》中。"因此，笔者认为是刘长兴首先提出了环境人格权一词，并对其基本框架进行了阐述。

对环境人格权的界定，离不开对环境权和人格权的含义的理解。前文我们对环境权与人格权的内涵都进行了探讨。从环境权的角度来讲，其人格属性是非常明显的。在日本实务界，最初就是将环境权作为一种人格权进行保护的，理论上也认为，环境权事实上就是一种人格权，并且以《日本宪法》第13条有关生存权的规定以及第25条有关幸福权的规定作为立法依据。虽然笔者并不认为环境权就是一种人格权，也不认为由于环境权的侵害往往造成人身伤害的后果，因而环境权就是一种人格权的理论就是正确的。但是笔者认为环境权中所具有的人格因素是毋庸置疑的。日本学者也正是注意到了环境权中所含有的人格利益，因此才将其视为一种人格权加以保护，也就是说环境人格权是指环境权所包含的精神利益。到目前为止，虽然说许多国家宪法中都规定了环境权，并且有些国家还进行了相应的司法实践，环境从应然权利进入了法律权利，但是，这些并未终止对环境权理论上的探讨和争论。环境权的客体和内容范围仍然是不明确的，许多国家只是将宪法中所规定的环境权作为一种宣言式的存在，因此在实践中的遭遇也就不难预料了，尤其是对像我国这样的大陆法系国家来讲，如果仅仅作为一项宪法权利而存在的话，那么就很难变成一项为民众实际享有的法律权利。而若想有所突破，笔者认为将环境权化整为零，由部门法分别进行保护，则不失为一个相比而言较好的方式和途径。而环境人格权正是环境权具化的方式之一，因此也有学者仍然将其称为环境权。王利明、徐国栋、马俊驹三位学者在各自的人格权法草案中所说的环境权就是本书所探讨的环境人格权，笔者之所以舍弃环境权而采纳这样一个到现在为止仍然没有引起学界广泛重视的概念，主要是基于以下理由：一是要说明本文所探讨和研究的内容仅仅是环境权的一个方面，也就是说主要研究环境人格利益的保护问题；二是要区分环境权与环境权的具体化，这是在两个不同意义上使用的概念。所以说本文所探讨的内容与上述三位专家学者所使用的环境权的含义是一样的，只是在具体内容上可能有所出入。

环境人格权内涵的把握和理解，必须得搞清楚什么是环境人格，以及什么是环境人格利益。人到底是什么？这是一个古老而深邃的命题。人作为一种主体性的存在，与自然有着天然的不可分割的关系。因此，从本质上来讲，人具有自然属性和社会属性，而自然属性是人的社会属性的基础。然而，由于传统哲学有关人学的理念盛行，一直以来我们更加偏好人的社会属性，将人视为一切社会关系的总和。即使对人的自然属性偶尔有所关注，也基本是对人作为一种动物性的存在所天然享有的本能，而没有对人与自然之间的关系进行更为深入的探讨。而事实上，人的主体性特征，在哲学上包含两个方面，也就是人的自然属性和社会属性，人在本质上是自然属性和社会属性的统一体。这里所说的人的自然属性是就人的本性而言，由天性、德性、理性三个要素所构成。天性是指生命、幸福和自由；德性是指正义、平等和博爱；而理性同样包含三个方面的内容，首先是指一种理性的认识能力，二是指一种理念，三是指人类所具有的一种克制能力。而我认为，人与环境之间的和谐相处，亦是人的一种自然属性，蕴含于人的本性之中。人的生命的维持离不开自然界的供养，生物多样化的存在是人类追求幸福生活的基础，因此需要我们追求更为高端的自由、平等、博爱，甚至可以说已经超越了物种。这是人的理性的认识能力的一种升华，是人的本性中所具有的克制能力的新的要求和内容。人的社会属性是指人不是孤立存在的，而是生活在纷繁复杂的社会关系之中，因此，人的道德和利益不可能不受到社会关系的性质和特点的影响和制约。从这个角度来讲，社会关系是人权能够存在的前提条件，并且人权还受到社会的政治、经济、文化等制度的影响与制约。人的自然属性和社会属性是统一的，二者不可分割。人的自然属性是社会属性的基础。人的一切活动都是为了满足人的需求，即使这种需求存在事实上的不同。但是无论如何变化，我们都应该时刻牢记，人是目的，不是手段。[1]

在人与自然之间的关系上，将自然界视为一种客体性的存在，而人是作为主体存在的。在人与人之间的关系中，人仍然是主体性的存在。传统中的人格一词一般所反映的是人与人之间的关系，表征的是人的社会关系，而对于人与自然之间的关系却无从反映。生态危机使我们对人与自然的关系进行了重新的界定和反思，人的确是一种主体性的存在物，但是在人与自然之间的关系上，人能不能仅仅将自然视为客体？环境哲学提出了新的思考方式，其观点形形色色，但是总体来说，就是人类与自然是平等的，甚至说人作为自然界的一分子，应当是敬畏自然的，人与自然的和谐相处，才是万物生生不息的基本准则。人只有在良好的自然环境中生活，才能谈到其他的追求，也才可能实现其他追求，可见对适宜生活的良好环境的要求，是人之所以为人的根本，因此应属于人格的内容。当然，人的这种自然地位只有在社会关系中才能得到体现和保障，这种自然地位在人的社会关系中体现为在适宜的环境中生活是每个人的平等权利，任何人不得破坏他人的生活环境，并有义务维护他人健康完整的生活环境。环境人格正是在此基础上形成的人与人之间的关系，人只有在未被污染的、适宜的良好的环境中生存，才能是一种有尊严的生活，因此环境人格是以人与自然之间的关系为基础的人与人之间的关系。与此同时，环境人格与一般人格的概念一样，都表征着人的主体地位，表明任何人都享有良好生活环境不被破坏的权利。

---

[1] 李步云. 人权法学[M]. 北京：高等教育出版社，2005：39.

通过上述对环境人格的论述，我们认为环境人格利益就是主体对自己所拥有的环境人格所享有的环境利益，它是一种在适宜环境中生活的非财产利益。而从前文有关人格权的论述当中我们可以看出，传统人格权制度旨在保护人的本身的利益，环境人格利益与传统人格利益相比，其虽然与人的生存密切相关，但是它并不是组成人身必备内容，并且环境人格利益虽然体现了人的自然属性，但是又必须通过人的社会属性表征，也正因为如此，环境人格利益才具备了受到法律保护的可能性条件。

而有关环境人格权概念的界定，目前学界基本上采纳了刘长兴的观点，其认为："环境人格权可以界定为主体所固有的、以环境人格利益为客体的、维护主体人格完整所必备的权利。"[1]吕忠梅教授在其所著《环境法新视野》一书中，认为"环境人格权是以环境资源为媒介、以其生态价值和美学价值为基础的身心健康权"[2]，后来在2005年所著《沟通与协调之途——论公民环境权的民法保护》一书中，完全采纳了刘长兴的观点，之后各学者有关环境人格权的研究和探讨，也都是基于对这一概念的认识进行的。而这一概念是借鉴有关民事权利的基本理论，尤其是王利明教授有关人格权概念的界定。前文我们已经说明人格权的客体问题的争论是十分激烈的，目前任何一种观点仍然存在理论上的缺陷（这在后文中将予以论证和说明）。因此笔者认为，应将环境人格权界定为主体对其环境人格所享有的、维护其生存和尊严所必备的权利。这里之所以没有将主体界定为民事主体，其主要原因在于环境人格权虽然是一项私法权利，其主要应由私法来保护，但也同样接受其他部门法的保护。这一定义说明环境人格权与其他人格权一样，具有固有性的特点，这一特征是人格权的本质属性，指的是其与主体的不可分离性，这说明环境人格对于主体的重要性，是主体生存的基本条件，是主体所必需的维护人格完整的权利，也是被不断发现的"新型人格权利"，这本应是作为主体的人的应有权利，但是由于认识的局限性及环境问题并未凸显，因此一直未曾显现。环境人格权本身也必须具备明确的边界，环境人格利益是一种精神利益，这种精神利益的范围并不甚清晰，而"民法将法律的确认作为享有人格权的条件"。[3]

二、环境人格权之权利推理

环境人格权自产生以来争论不断，从根本上来讲就是缺乏对环境人格权推理过程的基本论证，环境人格权的权利推理是通过演绎和归纳两种逻辑推理的方式再现了这一权利发展的内在过程，是在现有权利的基础上进行的逻辑演进，通过梳理现有权利的发展脉络，进而丰富和发展现有权利的内容和体系，最终论证环境人格权的正当性与合理性，使环境人格权存在的必然性得到证明和认可。

推理原本是逻辑学上的一种思维方式，经历了从形式逻辑到辩证逻辑的发展过程。形式逻辑由于自身存在局限性，因此日渐没落，而辩证逻辑"是一种比较复杂的推理方法。辩证推理应遵循辩证逻辑，而辩证逻辑实际上是关于具体概念的逻辑……

[1] 刘长兴. 论环境人格权[J]. 环境资源法论丛，2004：73-87.

[2] 吕忠梅. 环境法新视野[M]. 北京：中国政法大学出版社，2000：148-149.

[3] 王利明，杨立新，姚辉. 人格权法[M]. 北京：法律出版社，1997：6.

它以哲学反思的方法对待概念的形成和发展，概念与现实、概念与概念之间的联系，转化概念自身的矛盾（也是对象自身的矛盾），并透过概念的这种思维形式反思思维内容的矛盾"[1]。辩证逻辑是一种科学的推理过程，它对各种推理形式的研究建立在正确性与真实性统一的基础之上，对判断的前提和结论的具体内容也必然进行关注。辩证推理是一种辩证逻辑的具体运用，是一种被验证了的正确的研究和分析问题的方法，因而被各学科争相引用。权利推理是辩证推理在法学领域的运用或者说是实践。权利推理就是以已经被证明正确的判断为起点，通过演绎或者归纳的逻辑推理方式来证明一种权利的正当性问题。这种逻辑思维过程，是作为判断新型权利正当性的手段或者工具而存在的。权利推理作为一种逻辑推理的思考方式，它不仅仅是形式逻辑在法学领域的简单运用，它更加关注推理的权利前提及结论判断的具体内容。而这些作为前提的权利本身也不是一成不变的，在不同的时代可能具有不同的内涵。因此权利推理不可能仅仅是一种形式逻辑的思考方式，恰恰相反，它是一种辩证逻辑在法学领域的实践。然而作为一种辩证思维方式，权利推理的内涵也并非固定不变的。其进行推理的社会背景不同，结论也必然会有所差异。在以义务本位为背景的前提下，权利推理则是特权阶层获得更多权利资源的手段和方式，权利的获得使特权阶层的权利更加稳固，更好地协调了特权阶层的内部矛盾。而在法治社会的背景下，权利推理则又有不同的内涵，正如张文显教授所说："权利本位范式提供了一种价值基础，即法律推理应以保护公民权利为目的，以这种价值为基础的推理可称为权利推理。"[2]在这种背景下，权利发现、权利体系扩张成为权利推理的主要含义。权利推理通过逻辑推理的方式再现了权利发展的内在过程，是在现有权利的基础上进行逻辑演进，通过梳理现有权利的发展脉络，进而丰富和发展现有权利的内容和体系，最终论证权利的正当性与合理性，使权利存在的必然性得到证明和认可。

权利推理有两个基本类型，即归纳和演绎。这两种推理方式的前提与推理方向存在根本不同。归纳是从具体到一般的推理过程，而演绎则恰恰相反，是从一般到具体的逻辑演进。运用这两种方式来证明新权利的正当性，要求推理的前提及与其相关的理论都应当是正当的，因为只有前提正当，结论才能正当。否则无论推理过程如何正确，也无法得出正确的结论。而演绎式权利推理的前提有两种：既有权利和应有权利。归纳式权利推理则不同，这种推理方式没有预设的正当性前提，其更为关注对事实材料的选择和分析，这种选择和分析对推理结论有着重要的影响。必须将那些有代表性的、与新型权利有着密切联系的材料纳入分析中来，尽量包括各种可能的情形，即使一些微小的例外也决不允许存在，因为这样一个例外就足以推翻通过归纳式权利推理所得出的结论。归纳式权利推理一般将权利回溯到其成为权利之前的状态，即利益。如果一种新的利益满足了权利要求的所有因素，这种利益也就获得了上升为权利的契机。与此相反，当一种行为危及正义时，对方也就获得了禁止此种行为的正当权利。本文正是以这两种权利推理类型为基础，通过权利逻辑推理方式的展开，论证环境人格权存在的正当性。

[1] 张文显.法哲学范畴研究[M].北京：中国政法大学出版社，2001：392.
[2] 同上.

（一）环境人格权的演绎推理

演绎式的权利推理事实上是从一个"正当"推导出另一个"正当"的过程，也就是说从前提的"正当性"推导出结论的"正当性"。正当是一种价值判断，而对于这种价值的评判事实上就是一种主观的选择问题。然而这种选择并不是随意进行的，这种主观选择必须有一定的社会认同性。这种社会认同或者是社会普遍认可的准则，或者是在法学领域内具有公理性的命题。将之运用到法律推理过程中，其作为前提存在的就是应然权利与实然权利，或者被称为应有权利与法定权利。

法定权利是已经获得法律认可的权利类型，是一种客观存在的权利，并非主观权利。以法定权利为前提来论证新型权利的正当性，其逻辑预设为现有法定权利本身即是正当的，因而以其为基础进行的逻辑推理所产生的新的权利也就具有了正当性，换句话说，新型权利的正当性是从法定权利正当性中继承而来的。一般而言，法定权利受到历史条件和语言表述的限制，其内涵与外延不可能获得完全展开，因而在发展过程中需要通过扩大解释或者漏洞补充的推理方法进行填补。扩大解释是根据现有的法定权利的具体概念或者类型，按照法律解释的方法，推导出另一具体权利的过程。而权利漏洞填补则要求从法律的整体结构出发，通过对整个法律体系和框架的考察，进而弥补法律的不圆满状态。德沃金认为，"作为整体的法律也是一种对法律权利无可置疑的理论：他认为，人们可以把能为整个法律实践提供最佳理由所支持的任何权利作为自己的法律权利"[1]。以法定权利作为前提的推理过程，或者为法定权利增添了新的因素，或者为其发展出新的子权利，而这一过程恰恰就需要我们借助演绎式推理来完成，它通过两种方法来进行：

一是扩大解释。任何法律权利都需要借助语言来表达，然而由于语言本身的有限性，在社会发展过程中，需要通过扩张解释的方法将其扩张的意义表达出来。通过对语言的不断扩展，进而将权利的内涵与外延不断地挖掘出来，其实这一过程看似简单，事实上已经完成了逻辑推理的前两项的构造，新的权利的概念或者类型涵摄于原有权利概念和类型之下，那么其结论也就不言自明了。扩大解释不仅仅可以通过语义解释的方法进行，事实上，还可以根据法律的基本原则和基本价值进行解释，演绎出新的权利类型。最典型的表现就是法国人格权制度的确立，《法国民法典》并未确立对人格权的保护，是法院在适用法律时运用扩张解释的方法建立了人格权保护制度。其实，在各国的法律发展史中，运用扩张解释的方法发展新型权利屡见不鲜，是权利发展中较为常见的一种权利推理方式。但是，我们也应该注意，扩张解释一般甚少运用于权利的否认。也就是说不能通过扩大解释的方法来推理一种新型的权利而否定现有的法定权利。因为权利推理的价值就在于通过这种逻辑思维方式，不断丰富权利的数量、提升权利的质量，而不是相反。

二是权利漏洞填补。权利漏洞是法律漏洞的表现形式，权利漏洞不仅仅是由法律的有限性造成的，社会历史条件的变迁也是形成权利漏洞的重要原因。在运用权利漏洞填补的方式进行权利正当性的论证过程中，不能仅仅依靠形式逻辑的推理方式，这一过程的实现，需要法官综合运用辩证逻辑的推理方式，比如整体考量与利益衡量的方式进行

---

[1] 德沃金.法律帝国[M].李常青，译.北京：中国大百科全书出版社，1996：137.

推理，其过程因而更加复杂。

1.以法定权利为前提的环境人格权的权利推理

（1）以环境权为前提的环境人格权的权利推理

环境人格权作为一种新的权利类型，脱胎于既有的权利概念和权利制度，是原有权利在新的社会历史背景下的拓展与延续。由于环境人格权尚处于起步阶段，还没有被认识和认可，因此我们也需要借助既有的法律概念和理论对其进行解释和构造。

环境人格权并非凭空产生的新型权利，本身也带有某些法定权利的印痕。它是法定权利在新的历史条件或者说是新的环境下的一种延续和发展，它产生于法定权利在新条件下力所不及之处，因而需要对其重新界定和解释，进行新的结构分析和制度设计，以此体现法律的延续性和顽强的生命力。环境人格权作为一种新型权利，其观念和理论都处于初始阶段，必须借助原有的法定权利来进行理解和界定。但是正是由于环境人格权是法定权利的发展，其将会使法定权利在某些方面有所突破，因而也必然会使二者产生矛盾和冲突，这是权利发展中不可避免的常态。正如霍姆斯所说的："法律不断发展变化，从来没有达到一致，这是个不可否认的事实。它总是从生活中汲取新的原则，并同时保留未被删除的过去积淀下来的东西。只有在法律停滞不前时，它才会达到完全一致。"[1]但是我们也应注意，权利推理不是任意进行的，需要具体考虑法定权利发展空间、权利基础及权利形式等问题。一般而言，权利推理需要遵循整体性阐释的原则，这是权利推理的指导性原则，为权利推理提供了方向上的路径。但是不能因此认为遵循这一原则就会阻碍新型权利的产生，当对现有的法定权利进行推理的制度成本过高或者说明显牵强时，整体性阐释也并不反对构造一种新权利。整体性阐释的原则要求我们在权利推理过程中必须遵循法治原则，环境人格权的推理是对环境权与人格权的拓展与超越。

环境问题其实并非社会发展到今天才存在的问题，只不过是当下的环境问题，其影响的范围和破坏程度已经成为世界性的难题，我们用生态危机来对其进行概括实在是再恰当不过了。正因为环境问题日益严峻，环境权才有机会在20世纪60年代登上历史舞台，并在70年代出现了研究环境权的第一个高潮，之后一度衰落，90年代进入发展的第二个高潮，并取得了重大的发展，在国际文件及很多国家的宪法中得到了正式承认。然而，虽然环境权作为一项法定权利已经确定下来，但是有关环境权的概念、主体、客体及内容方面的争论却从未停止，并且发展至今也没有定论。一般而言，1972年联合国人类环境会议通过的《人类环境宣言》被认为是对环境权比较精辟的诠释，它宣称："人类有权在一种能够过尊严和福利生活的环境中，享有自由、平等和充足的生活条件的基本权利，并且负有保护和改善这一代和将来的世世代代的环境的庄严责任。"我国学者陈泉生教授认为环境权是"环境法律关系的主体享有适宜健康和良好生活的环境，以及合理利用环境资源的基本权利"[2]。吕忠梅教授则从私法的角度认为环境权是"公民享有的在不被污染和破坏的环境中生存及利用环境资源的权利"[3]。而汪劲教授是从财产的角度界定环境权的，王明远教授则是从程序方面界定环境权的。至于环境权的属性问题，

---

[1]　HOLMES O W. The Common Law [M]. Cambridge, MA: Belknap Press, 1963: 32.

[2]　陈泉生. 环境权之辨析[J]. 中国法学. 1997（2）: 61-69.

[3]　吕忠梅. 沟通与协调之途: 论公民环境权的民法保护[M]. 北京: 中国人民大学出版社, 2005: 24.

则更是众说纷纭，有人权说、财产权说、人格权说、社会权说、法益说，等等，不一而足。就目前而言，认为环境权是一种人权已经基本取得了一致，只是在具体论证方面仍有不同。从环境问题的发展历程来考察，环境权的内涵也好，属性也罢，都是受到特定历史条件限制的。环境权初次出现时期，环境问题更多地集中在环境资源的有限性与对环境的需求矛盾上，从人类社会产生之初，人们理所当然地认为环境资源是取之不尽、用之不竭的，阳光、空气、水、林木等资源，应该是永远不会消失的，并且无须付出任何代价即可取得的。然而到了工业社会以后，这一观念受到了现实挑战，这些环境资源也是具有稀缺性的，这就使其具备了进入市场的前提，因而这一阶段将环境权理解为财产权也就顺理成章了。环境问题往往涉及社会公共利益，并且由于其在宪法中一般都规定在经济、社会和文化权利之中，因而说环境权是一种新型的社会权。日本则是根据环境侵权所产生的危害后果，基本都是对人身权和健康权的侵害，因而认定环境权是一种人格权或者说是人格权的一种。这些探讨都从某一方面揭示了环境权的内涵，但是我们从《人类环境宣言》中有关环境权的界定，以及各学者的探讨中不难发现，环境权是一种在尊严和福利的环境中生存的权利，或者说是在适宜的环境中生存的权利。而这种措辞和表达所传递的信息告诉我们，环境权中包含一种精神利益，这种精神利益因素就是我们要论证的环境人格权。这为环境人格权的产生提供了重要的前提和基础。

环境权作为一种法定权利，之所以备受争议，从根本上来讲是因为环境权保护缺乏可操作性。到目前为止，环境权虽然是一种法定权利，但是其也仅仅停留在宪法权利层面，很少有部门法对其进行具体的制度设计和保护。尤其是在深具大陆法系传统的国家里，这种情况就意味着无法对其提供具体的保护。解决此困境的方式之一，就是应该将环境权进行具体化分解，由各个部门法对其提供具体的保护。环境人格权正是环境权具体化的类型之一，以环境权来论证环境人格权的合理性，只是说明这是环境人格权推理的前提而已。换句话说，这种推理和论证并不是说环境权就是环境人格权，只是要论证环境人格权是环境权的权利体系中的一员，是环境权的子权利。环境人格权是环境权本身所应含有的内容，但是并非如日本学界所认为的那样，是从环境侵权的后果来进行考量的，而是从环境权本身的含义进行挖掘所得出的结论。日本学者的逆向推理并不能成立，经不住推敲。环境人格权的提出是环境权发展历史上非常重要的一步，为环境权的具体实现提供了可借鉴的经验和路径。

从环境权到环境人格权的发展表明了运用演绎推理发展权利的过程，当一种新型权利产生时，通常要从已有的权利体系中去寻找依据，扩大已有权利的范围。

（2）以人格权为前提的环境人格权的权利推理

在人格权概念的论证中，其争论主要集中于其客体方面。在法学基本理论中，权利是主体与客体联系的桥梁和纽带。因此一般而言，权利客体必须外在于权利主体，否则权利客体将反指权利主体本身，造成主体与客体的混同。人格权的概念之所以难以成立，是因为如果承认了人格权，将会造成主客体混同问题，严重冲击概念法学模式下的权利理论。因此，对人格权的研究最为重要的一点，就是对其客体的论证。王利明教授认为，"人格权是指以主体依法固有的人格利益为客体的，以维护和实现人格平等、人格尊严、人身自由为目标的权利"[1]。其为了构建合理的人格权，认为人格权的客体为人格利益，而马俊驹教授则认为人格权是以人的伦理价值作为客体的，并非人格利益。然而，虽然这种学术的辩论仍在继续，但是社会的发展却使得我们不得不正视这样一种现实，即无论理论上如何不符合逻辑，人格权作为一种人们实际享有的权利类型，已经蓬勃地发展起来了。尤其是第二次世界大战以后德国宪法所创设的一般人格权制度，为具体人格权的繁荣和发展提供了依据。具体人格权的类型从罗马法时代的身体权、健康权、名誉权发展到今天，又增添了姓名权、肖像权、隐私权等，其权利类型日益增多。其发展历程也向我们彰显了人格权是一种不断被发现的权利，其对人的关怀与注重，受到社会历史条件的限制。生态危机出现之前的社会历史时期，人们对健康适宜的环境的需求并未被激发出来，环境仍然是一种随手可取的公共物品，因此也就根本不可能出现环境人格权。正是生态危机的出现，使得人们难以像过去那样随时可以享受到环境所带来的精神满足，因而才认识到其存在的价值。环境本身所具有的审美、娱乐、消遣等功能能给人带来精神愉悦的价值日益凸显，环境资源的有限性和稀缺性也使得其精神价值更显珍贵。从另一个角度来讲，环境污染与人的尊严也密切相关。北京连续的雾霾天气，使得居住在北京的居民精神上遭受了极大的痛苦，不仅享受不到灿烂的阳光，更呼吸不到新鲜的空气，时刻担心因环境污染而身染疾病。这不能不说是对人的尊严的一种践踏，更不用说那些已经因为环境污染而身患不治之症、苟延残喘地生活在痛苦深渊之中的人，何谈尊严二字。因此，我们可以说，环境人格利益也是一种人格利益，环境人格权就是一种人格权。

2. 以应有权利为前提的环境人格权的权利推理

应有权利是一种观念中的权利，由于其本身具有先验正当性，因而可以成为权利推理的前提。应有权利一般包含道德权利、自然权利及习惯权利等内容。道德本质上就是一种要求，但是并非所有这种要求都能够成为道德权利，只有那些能够得到伦理学辩护或论证的为人所信服的道德要求才具有这样的资格。这种权利虽不像现实权利一样以国家强制力作为后盾，却可以对人们的观念产生一定的拘束力。道德权利一般都是对人类至关重要的权利，人权就是最重要的道德权利，对人权的否定，无疑是对人之所以为人的否定。正是由于人权的重要性，学界普遍开展了有关人权的探讨和研究，从而就道德相对于法律权利的基础地位和渊源也有了较为一致的认知。自然权利作为自然法的核心，是一种超越世俗的政治权利之外的、由自然法所赋予的、人类普遍享有的不可剥夺的权利。自然权利理论在权利理论发展中一直占据着统治地位，"19世纪各种自然权利乃是从基本的自由观念中推论出来的权利，因而法理学问题也就变成了如何推论每一项权利的确切范围的问题，以确使每一项权利都可以按照逻辑的方式贯彻下去而不会在彼此之间产生冲突，因为从自由中做出的各种推理并不会发生冲突。因此，在这个方面的问题也就被化约成了一个定义问题。由此演化出来的一个间接结果就是要制定出一种切实可行的'法律权利'（legal rights）体系，——根据这种'法律权利'体系，个人的人格利益和个人的物质利益则可以得到有效的保障"[2]。自然权利作为一项天然存在的权

---

[1] 王利明. 人格权法研究[M]. 北京：中国人民大学出版社，2005：14.

[2] 庞德. 法律史解释[M]. 邓正来，译. 北京：中国法制出版社，2002：235-236.

利，从价值上来讲具有永恒存在的正当意义，这是逻辑推理存在的必要前提。更为重要的是，自然权利具有批判的作用，"……自然权利这一课题的发现是以对祖先法典或神的法典的质疑为前提的"[1]。自然权利以人的自然发展作为标准，对违背此种发展的制度和权利进行批判，是自然权利本身所具有的价值功能所在。在权利发展的过程中，对其权利理论和权利实践进行批判，是其演进所必然经历的过程。然而现今自然权利的概念几乎被人权所取代，其实人权理论不仅仅根植于道德权利之中，自然权利同样是其发展的沃土。自然权利也具有时代性，或者说历史性，人权就是自然权利的现代解读。自然权利为人的发展过程中由新的需求所产生的新权利提供正当性证明，使得新权利具有深厚的理论根基和成长土壤。然而应有权利并非都能上升为法律权利，法律规范本身的属性还要求必须满足可行性与必要性两个条件。所谓可行性是指应有权利若想成为法律权利，必须要切实考虑应有权利的发展程度、权利实现与救济的相关配套制度设置等，从经验上来讲，就是新权利与既有权利的协调问题及这一过程中的权利制度本身的成本问题。必要性是指新权利的确立为社会秩序及价值目标的实现所必需，是社会发展的内在要求，说明权利发展的时代性的特征。

由于对自身发展与完善的不断追求，人类不可能满足于既有权利的设定。环境人格权的出现，是人们追求自我完善、寻求自我突破的结果。伦理本身就是对人际关系与社会生活的一种反思，自然而然地内生于社会生活结构之中，对社会生活的细微变化也相对敏感。伦理道德对生态社会的变迁已有十分明显的触觉。生态伦理研究总结了生态关系中所存在的问题，在此基础上提出了生态伦理要求。这些伦理要求就是道德权利主张，并通过各种途径上升为法律权利，环境权正是这些权利的典型代表。生态伦理权利为生态法律权利的推理提供了正当性前提和基础。生态伦理的兴起源于生态危机的出现，事实上就是要重构人与自然之间的关系，其是建立在对以往人类中心主义世界观不断批判的基础之上的。人类中心主义世界观一直以来被奉为真理似的存在，然而生态危机完全颠覆了这种妄自尊大的哲学思想，人们开始重新思考人与自然之间的关系，生态伦理正是在这种背景下发展起来的。这种伦理观念认为人的道德关怀不仅仅及于同类，也应当包括动物、植物，甚至微生物，重新构建人与自然之间的道德关系，人不是统治者，不是征服者，更不是所谓自然界的主宰，人与自然之间应当是一种平等互利的关系，是相辅相成的命运共同体。生态伦理从总的发展趋势上来讲具有多元化和边缘化的趋向，科学技术的发展与进步，的确大大增强了人类改变自然界的能力，但是自然对人类的反噬也使得人类不得不思考人与自然之间的关系，并对以往的伦理道德标准进行修正，重新架构伦理道德体系，生态伦理以一种更加平等的可持续发展的理念出现，虽然对其内涵仍有争论和不同的理解，但是确确实实引发了人们对自然界的普遍关怀。

（二）环境人格权之归纳式推理

以法定权利和应有权利为前提的演绎式推理过程向人们展示了从一般到特殊的推理过程，然而仅仅依靠演绎式推理并不能完全证明权利的正当性基础，因为演绎式推理本身存在先天不足。演绎式推理的前提一般为抽象的法律概念或者是原则，这些概念或

---

[1] 列奥·施特劳斯. 自然权利与历史[M]. 彭刚，译. 北京：三联书店，2003：86.

者原则本身是不确定的，因此导致人们的理解和认识也存在不同程度的差异。况且演绎式推理在法律制度创新过程中反应迟缓、滞后，其并没有承担起创设新的法律制度的功能。因此权利理论的正当性论证缺少了归纳式推理过程是不完整的。与演绎式推理正好相反，归纳式推理是从特殊到一般的论证过程。归纳式推理是在利益与不利益或者是损害的基础上抽象出具体的法律权利，是在对经验材料的一般性认识的基础上进行的，仅仅以利益事实为依据，无法证明权利的正当性。因此，归纳式推理必须从正反两个方面进行，即利益确认和损害禁止。

1.以环境人格利益的确认为基础的归纳式推理

（1）利益需求

尼采对由自然权利推理权利产生这样的过程，一直持批判的态度。他认为无论是自然法也好，自然权利也罢，都是一种抽象的事物，并非现实存在的。词语并不能代表事物丰富多彩的内在含义，我们对语言的看重甚于事物本身，这使得我们与事物本身存在着越来越多的隔膜。所谓的自然权利，不过是启蒙思想家发明的一种词语而已，这一词语的创设使得人们相信似乎真的存在自然权利，但是实际上，词语与事物本身之间并不存在必然的联系。随着社会的发展，我们似乎发明了不计其数的权利类型，但是归根结底，这些都不过是一种语言上的虚构而已。尼采认为根本就不存在什么自然法，它不过是人们根据各自的利益需求而进行的解释而已，权利的产生也不可能来源于什么自然权利，其产生的根本原因是人们的利益需求。权利与利益之间的关系，边沁与奥斯丁等人都有着精辟见解，而能够深刻挖掘二者之间关系的当属利益法学派，其以耶林为代表人物。利益法学派认为，利益是权利的基础，没有利益需求就不可能产生权利，权利不过是对利益进行法律确认而已。马克思主义也认为权利是以利益作为其现实基础的。正如历史唯物主义所看到的那样，权利现象的出现是与人的自我发展紧密相连的，与人的社会性的出现密不可分。权利是一种社会化的产物，人只有成为社会主体时，权利才成为必要。而社会主体的权利却总是与社会的利益需求联系在一起。"人类生存乃至一切历史的第一个前提就是：人们为了能够'创造历史'，必须能够生活。但是为了生活，首先就需要衣、食、住及其他东西。因此，第一个历史活动就是生产满足这些需要的资料，即生产物质生活本身。"[1] "第二个事实是，已经得到满足的第一个需要本身、满足需要的活动和已经获得的为满足需要用的工具又引起新的需要。"[2]而满足不断产生的需要仰赖于一定条件，当这种需要成为大多数人的追求时，就会使能够满足某种需要的媒介物供不应求，成为稀缺物，围绕这些稀缺物就生成了利益。"一定需要是一定利益的物质基础。而利益则制约着那些以其成果满足需要的活动，是需要的具体社会形式。"[3]正是利益需求的存在，促使了权利的产生，使得利益成为权利的现实基础。权利作为上层建筑的内容，其发展变化的根本动力是生产力，具体来讲是源于社会经济的发展变化。"创造这种权利的，是生产关系。一旦生产关系达到必须改变外壳的程度，这种权利和一切以它为根据的交易的物质源泉，即一种有经济上和历史上的存在理由、从社会

---

[1] 马克思，恩格斯.马克思恩格斯全集：第3卷[M].北京：人民出版社，1960：31.

[2] 同上.

[3] 公丕祥.权利现象的逻辑[M].济南：山东人民出版社，2002：275.

生活的生产过程产生的源泉，就会消失。"[1]在这一过程中，"随着社会发展即经济发展的需要的变化，'实在法'能够而且必须改变自己的各种规定"[2]。马克思历史唯物主义者认为，权利源于人们在特定的社会经济关系中产生的利益需求，是对现实存在的经济关系与利益需求的一种法律确认，而不是那些虚无缥缈的想象和虚构。因此在社会发展变化过程中分析一种新的权利产生的正当性基础，应着眼于社会生产力的发展变化、人们在具体的社会经济关系中利益需求的变化。分析在此过程中人们产生了哪些新的利益需求，新旧利益需求之间的关系如何，在这些新的利益需求中哪些能够上升为权利。只有将这些问题梳理清楚，新权利的诞生才具备了正当性基础。

利益在本质上是代表了一种社会关系。利益是"社会化的需要，人们通过一定的社会关系表现出来的需要。利益在本质上属于社会关系的范畴。社会主体维持自身的生存和发展，只有通过对社会劳动产品的占有和享用才能实现，社会主体与社会劳动产品的这种对立统一关系就是利益"[3]。社会经济的变革，必然会产生新的利益需求，这种利益需求是客观存在的社会现象。这种客观的利益需求必须通过人们的利益主张才能实现，因此可以说，对利益需求的分析必须从主观和客观两个方面进行。但是由于主观是一种客观存在的反映，利益需求的客观性就显得更为强烈一些。将利益上升为法律权利是利益需求的一种外在表现形式，在现代社会中，利益需求的表达主要是通过权利主张进行的。一种新型权利的发现、发展直至法律上的确认都源于随着社会经济的发展变换而日益强烈并不断强大的利益呼声与诉求。因此在权利的历史发展过程中，从利益上升为权利是其发展的最为主要的方式，毫无疑问，从利益到权利的推理必然成为权利推理理论中不可或缺的一部分。事实上，权利的法定化过程就是利益衡量的过程和结果。庞德认为人类通过控制自然与控制自身发展两种方式使得自身力量得到最大发展，自然科学技术的发展帮助其实现了对自然的掌控，而对人类社会自身发展的控制则依赖于对人们施加压力，施加压力的主要途径和手段则是道德、宗教和法律等。而法律正是通过对社会利益关系的作用达到控制社会的目的。"一个法律制度通过下面一系列办法来达到，或无论如何力图达到法律秩序的目的：承认某些利益；由司法过程（今天还要加上行政过程）按照一种权威性技术所发展和适用的各种法令来确定在什么限度内承认与实现那些利益。"[4]在庞德的利益衡量理论中，利益本身就是客观存在的，既不是创造的也不是杜撰的，只能通过分析发现。利益是法律权利确认的原因而不是结果，法律权利以利益为基础和动因，关于法律权利的理论和技术，从本质上来讲都是以利益为中心的，或者可以说都是关于利益的理论和技术。将利益上升为法律权利不过是使其具有了更为确切的表达形式而已，"我们主要是通过把我们所称的法律权利赋予主张各种利益的人来保障这些利益的"[5]。权利不过是进行利益衡量的手段而已。

（2）利益正当性的衡量。以利益为基础来进行权利的推理，其关键在于以什么作为衡量利益正当性的标准。此种标准能够解答哪种利益需求可以得到承认或者说是部分承

[1] 马克思，恩格斯. 马克思恩格斯全集：第25卷[M]. 北京：人民出版社，1974：874-875.

[2] 同上.

[3] 李淮春. 马克思主义哲学全书[M]. 北京：中国人民大学出版社，1996：376.

[4] 庞德. 通过法律的社会控制：法律的任务[M]. 沈宗灵，董世忠，译. 北京：商务印书馆，1984：35.

[5] 同上书：42.

认，哪些利益需求应当被否定或部分被否定，被承认的利益需求的范围有多大，如何正确对待对正当利益的侵犯及如何救济等问题。庞德在分析了六种权利内涵的基础上认为权利不过是利益与利益保障法律手段的结合。他将权利看成一种合理的期望，这种合理的期望是被有意授予的。而衡量此种期望合理与否的价值标准，则应当是确定的。庞德提出了三种利益衡量的进路选择，即功利主义的衡量标准、自然法学的价值和理念、权威学理论。毫无疑问，庞德的利益评价理论虽然具有一定的实用性，但同时也存在很大的不足。其最根本的问题在于，没有提出判断利益正当性的独立的标准和尺度。利益正当性的标准可以从内外两个方面进行设定，其内在标准是为利益自身而设，反映了利益需求的内在合理性。利益正当性的内在标准是效率与公正原则。效率原则考虑的是利益总量上的增加，满足利益的最大化倾向。公正原则关注的是利益的公平分配问题，使得不同的利益需求在和谐程度上达到最大值，并使其对现有的正当利益的损害程度降至最低。效率原则在利益衡量中具有普适性，而公正原则是利益衡量的核心所在。利益的正当性衡量过程当然要看利益的增量问题，但是更为关键的是看是否存在利益冲突及对整个社会的利益总量的影响。利益正当性的外在标准则是相关的价值观念。这些价值观念既可以是自然法与自然权利，也可以是相关历史传统文化和道德。这些外在标准能够筛选出哪些利益主张可以进入利益衡量的过程，并可以对利益从量上进行分配。这些价值观念不是一成不变的，甚至可以说是随着社会的发展而不断变化的，但是在特定的历史条件下是特定的。

当然我们这里所讲的利益的正当性标准仅仅是用来衡量利益是否正当的一般判断，这是一种利益能否上升为法律权利的先决条件，除此之外，从利益到法律权利的迈进必须符合法律的制度性条件，具有普遍适用性和实践上的可操作性，也就是说，权利的制度性要求利益必须是普世的，具有完整的结构、实现的可能性，以及是可以被救济的，否则，利益需求便无法跃升为法律上的权利。

（3）以利益确认为基础的环境人格权推理

对稀缺物品的需求是产生利益的基础，但是并非所有的利益都可以上升为法律权利，利益的正当性评价是利益能否成为法律权利的核心因素。时至今日，环境毫无疑问是一种稀缺资源，这种稀缺资源之上必然会产生利益冲突。正如许多学者所看到的那样，环境之上既存在财产利益，也存在人身利益。这些利益只有通过正当性评价的考量，才有可能成为法律权利。而在此，我们只探讨在环境之上存在的人格利益的推理过程。

首先，环境之上的人格利益。我们都知道，权利是人在社会性交往中产生的，因此他人对权利认同是十分重要的。在生态社会中，需要我们重新认识人的自我价值和存在的基础，人的自然属性与社会属性的对立统一性将更加清晰。二者孰轻孰重很难再有确定而统一的答案。人是社会的人，但人是以自然属性为基础的，基础不存在，其社会性便无从谈起。人的生态性存在不仅仅表现为人需要依靠环境所供给的物质产品而生存，还表现为享受环境所提供的精神上的愉悦的权利，比如享受清洁的空气、纯净的水、充足的阳光照射、宁静的生活空间，以及美好的自然景观等精神上的权利。人首先是一种生物性的存在个体，依托着环境而生存，从这一点上来说人与自然界的其他生物并无实质区别。人又是一种社会性的存在，能够认识到自我的存在和价值，所谓的生态意义上的人，正是在超越的前期对人的认识上的，对人和自然的关系，以及人的自然属性和社会属性的一种全新的认识。生态意义上的人是无法脱离其所生存的自然或者说环境的，并从物质与精神两个方面重新塑造了人。实际上这些环境之上所产生的人格利益，是从人类产生开始就自觉享有的，只不过在人类漫长的历史发展过程中，人们一直认为环境资源是取之不尽、用之不竭的，因而虽有利益需求，却不会产生利益冲突，根本原因就在于环境的稀缺性价值没有凸显。生态危机的出现，使人类开始重新审视人与自然之间的关系，同时环境的稀缺性价值也史无前例地显现。环境的破坏，使得人们很难再任意地享受蓝天白云、清澈的水资源，近些年来，我国大部分地区都出现了雾霾天气，水资源破坏严重，人们生活在深深的恐惧中，不知道这种恶劣的环境将会带来什么样的严重后果。但是关于保护环境之上产生的人格利益的法律确实很少，环境权理论上的探讨虽然很丰富，将环境权写入宪法的国家也不在少数，但是司法实践却并不多见。美国曾经在判例中确认了环境人格利益，"美学以及环境方面的利益如同优裕的经济生活一样，是我们社会生活的重要组成部分，许多人而不是多数人享有特定环境利益的事实并不降低通过司法程序实施法律保护的必要性"。日本对环境人格利益的侵害采取了人格权的保护方法，因为在日本一直以来就认为环境权就是人格权或者是人格权的一种。环境人格主要是指人作为生物意义的存在体所享有的在适宜的环境中生存的资格，姑且不论环境权的确切含义是什么，从争论颇多的环境权的定义中，基本上可以肯定一点，那就是有关环境权的定义中事实上含有环境人格利益的成分，环境人格是在人与自然的基础上所建立的一种社会关系，它象征着一种人的主体地位，表明任何人都享有良好环境利益的权利。对环境人格利益的保护与对环境权及人格权的保护密不可分。笔者一直认为环境人格权是环境权与人格权的交叉产物。对二者的保护虽然都能起到保护环境人格权的作用，但是侧重点各有不同。就环境权而言，到目前为止还停留在宣示性的阶段，且就其本身来讲，不仅包含环境人格利益，还包含环境财产利益，而且大部分学者都是从环境权的财产利益的角度来论证环境权的，很少关注其环境人格方面的利益问题。而人格权的保护方法，基本是从环境侵权的法律后果进行考量的，一般将人格权归入身体权、健康权的行列中进行保护，并没有设立单独的权利类型，日本就采取了此种保护方法。

对环境人格利益的保护，反映出生态文明时代人的人格权利制度具有了新的形式。这种权利保护的目标在于：保护生态环境，防止因为市场经济利益的驱动损害人的环境人格利益，维护人的生存的良好环境空间，为经济发展与环境保护协调发展提供法律保障。

其次，环境人格利益的正当性考量。任何利益的进阶都需要进行正当性评价，环境人格利益也不例外。正如前文所提到的那样，利益衡量存在外部和内部两种标准。从外部标准来讲，通过这一标准的利益既要符合人类的一般的道德标准，又要符合特定历史与文化传统的价值标准和原则。对环境人格利益的保护是对人类的一般道德的彰显或者可以说是再现。人是自然界的产物，对人的环境人格利益的主张，是人的自然属性在人与人之间的扩张，是环境伦理道德在法律上的表现。生态文明时代，人类社会的生态转向也是同步的，传统文化向生态文化的转向亦不可避免。可持续发展理念深入人心，环境保护已经是全世界范围内的共同主题，环境人格利益的主张，正是生态文明时期生态文化价值观念和原则在法律上的凝练，具有鲜明的时代特色。从内部标准来讲，环境人格利益要满足正当性考量还需符合效率原则和公正原则。效率原则主要是考察环境人格利益是否增加了利益主张者的利益或者说是福利，这一原则事实上不用考察即可得出结论，对一种新的利益的承认毫无疑问能够增加利益主张者的利益和福利。公正原则要考察承认环境人格利益与其他人承认该利益有无冲突、这种冲突的强弱及能否得到解决等。首先环境人格利益作为一种新的利益主张，其与利益主张者原有的利益并没有冲突，其在总量上增加了利益主张者的利益和福利。其次，环境人格利益的主张也与他人的现存利益不存在冲突。因此从公正原则的角度进行考察，环境人格利益符合利益正当性的评价标准，具备了上升为法律权利的基础条件。当然，并非具备正当性的利益就一定能够得到法律的认可而成为权利，还需要满足法律的制度性要求且具有实践操作性，才能够成为法律上的权利。

2.以损害禁止为基础的环境人格权推理

作为权利推理的利益关系事实一般具有利益与不利益两种情况。不利益在法律上以损害称之，其存在的根本原因在于对稀缺物品的竞争，利益冲突中损及他人在所难免，而人所具有的自私狭隘的一面、趋利避害的本能及社会制度本身的错漏亦会大大增加此种损害的可能性。因此，不仅要从正面来衡量某种利益是否具备上升为法律的可能性，损害的禁止同样是考察利益的关键因素。

（1）损害的认定

损害本是侵权法中的概念[1]，侵权法领域对损害进行了深入的研究和探讨。损害在本质上是一种不利益，其表象是利益的减少或者在程度上的丧失或降低。而且损害应该是具有确定性的，这种确定性也可以称之为现实存在性，在客观上可以被认定。但是侵权法对损害的研究具有一定的局限性，其对损害的研究仅仅限于侵权法领域，然而是与责任义务及权利相关联的一般法律理论问题。对损害的禁止就是对权利损害的反向证明，损害禁止所保护的利益，在侵权法上一般认为是法律权利所确认的利益，而不包括其他的利益。但是从法律一般理论的角度来讲，当我们提及损害时，不仅包括了法律权利利益，还包含某种利益或价值。只要这种损害达到法律要求的严重程度，就会被法律所禁止。侵权法对法律权利之外的利益的保护非常困难，尤其是在深具成文法传统的国家表现得更为明显。

损害是否存在独立的认定模式呢？也就是说单纯依靠行为、结果和因果关系等因素来判定法律上损害的存在？我们认为答案是肯定的。在人的主观意志左右下的行为对他人造成的损害是否是不正当的，这是论证的关键所在。正当与不正当互相依存，同时互相否定，但是都有各自的判定标准。我们可以从损害本身来认识它，也就是说我们可以考量损害行为本身的正当性与否，如果不正当，那么这种不正当达到何种程度，是否符合法律禁止的标准，而法律是否具备禁止这种损害行为的可能性。这里最为关键的因素就在于对损害行为本身正当性的衡量，这种考量涉及一般的伦理道德对不正当的理解和认定，同时也涉及法律上有关损害禁止的可能性。这种对损害的独立性的判断，实际上是为了保护那些

---

[1] 关于侵权法中的损害概念，有学者将其归纳为利益说和组织说。利益说认为，损害是指财产或法益所受的不利益，也就是受害人因特定损害事故所损失的利益，受害人损失的大小取决于损失前后其财产差额的比较。组织说有真实损害说和直接损害说等具体区分。真实损害说认为，损害是法律主体因其财产的构成成分被剥夺或毁损或身体受伤害所受的不利益；直接损害说认为，损害是交易上以金钱取得或出售的财物所受的侵害，即直接被毁标的物所受的损害，有人认为损害是指违反民法上义务的行为侵害民事主体的权利造成权利主体行使权利障碍、影响主体权利增值和发展的一种事实状态，有人认为，损害作为一种事实状态，是指因一定行为或事件使某人受侵权法保护的权利和利益受到不利益的影响。损害是指致害行为作用于财产或人身所造成的不利益，是指人身权利和财产权利受到某种损失的客观现象。

法律权利之外的利益所设定的，这种进路是在损害行为的严重性强烈到让立法者不得不设定权利的基础上所进行的权利推理，具有独特的价值所在。

（2）以损害禁止为基础的权利推理

要预防损害的发生有直接和间接两种方式，直接方式是通过法律义务的设定而进行的，间接方式就是指赋予权利主体某种权利，这是一种权利激励模式，损害的禁止是通过权利主张者的积极维权来实现的。以损害为基础的权利推理对权利本身有着独特的内在理解，将权利理解为一种消极的存在形式，它是一种消极的自由，但是这种消极的自由最能体现权利的本质。这种观点之下的权利实际上是一种界限的划分，超越此种界限的权利不受法律的保护，同时任何非法介入权利界限的行为都是对权利的损害。此时权利的界定就可以抵制不法侵害的发生，权利成为一种约束机制，约束社会与国家的权力[1]。权利本身就是反对干涉和侵害的，或者可以说权利本身预设了干涉和侵害的领域和界限，对这一领域和界限的干涉和侵害的不正当性，从反面证明了其存在的正当性问题。同时以损害为基础的权利推理理论认为权利是有界限范围的，这种界限体现了对绝对自由的限定。自由是人所追求的最高和最有意义的法律价值，没有正当理由决不允许对人的自由进行限制。这种理由必须是充分且必要的，而损害原则便是具备这一条件的理由之一。损害原则承认权利是对自由的一种限制和损害，但是此种限制恰恰是为了防止造成更大的损害。权利的设定确实限制了自由，但是也保障了自由。权利设定的宗旨就是为了实现不同种类的自由的共赢，因而对绝对自由的限制是必要的，也是必须的。在有关权利正当性的论证过程中，我们不仅要证明法律权利对绝对自由的限制是正当的，还要证明源于权利冲突而产生的对自由的再次限定亦具有正当性基础。这两种证明过程都离不开损害原则的应用，因为权利的设定界限范围就是为了避免损害发生。权利肯定了某种利益受到法律的保护，但是从另一个角度来讲，权利也否定了某种不正当性的东西。从根本上来讲，损害禁止之所以能够产生权利，在于权利与义务的相关性的特质。禁止某种损害行为实际上就是为某一主体设定了某种义务，并对违反此种义务的行为追究法律责任。而权利与义务总是相辅相成、相互依存的，澳大利亚法学家斯托尔雅认为"义务的核心意义在于，它是作为权利的相关物发挥作用的，义务的承担者不仅被告知他必须做（不做）某事，而且被告知他理应去做（不做）某事，他之所以受约束，乃是因为如果他规避义务，所受到的不是他自己的善良动机的挑战，而是另一个人的挑战，因为那个人拥有权利"[2]。因此，因某种利益需要保护而设定义务与责任的过程，恰好说明了某种权利的存在。可见，以损害禁止为基础的权利推理过程，对权利有着独特而缜密的思考和解读，也使得此种推理方法无论是在理论上还是实践中都具有相当的价值和意义。但是这一推理方法在理论上亦存在相当大的困难，也就是损害禁止与法律的确定性之间的冲突和矛盾。传统上，侵权法领域对损害的研究基本都着眼于权利的预先

---

[1] 比如在美国宪法的权利法案中大量使用了这种界定，如第一修正案"国会不得制定关于下列事项的法律：确立国教或禁止宗教活动自由；限制言论自由或出版自由；或剥夺人民和平集会和向政府请愿申冤的权利"。第四修正案"人民的人身、住宅、文件和财产不受无理搜查和扣押的权利，不得侵犯"。

[2] 张文显.法哲学范畴研究[M].北京：中国政法大学出版社，2001：336.（张文显先生在书中还反驳了权利和义务不相关的观点，提出权利与义务的相关性体现为结构上的对立统一、数量上的等值和功能上的互补，证明了权利与义务总是对应存在的，不存在没有对应权利的义务。）

设定，侵权法本身即是为权利保障而设的，不具有权利的创设功能。"侵权法这几十年的发展就是侵权的保障权益范围正在逐渐地扩大。因为权利本身是不断发展的。社会生活的发展，导致一些利益首先受到侵权法的保护，而后逐渐上升为具体的民事权利，这一过程的实现需要侵权法保持一种开放的完整的体系。"[1]我国侵权责任法就顺应了这一历史潮流，对法定权利和合理利益都进行了保护，使得侵权法的作用得到提升，其创设法律权利的功能开始显现。但是侵权法能否对法律未确定的利益提供保护，此种保护与传统法律精神和原则是否相悖？从法治的基本精神和价值理念来看，现代法治是以权利为本位的，法不禁止即为允许。如果允许依靠损害禁止原则来创设法律，那么将与法律的确定性产生冲突。尤其是在成文法国家，这种冲突严格来讲是绝对不允许的。但是在侵权法领域这一冲突却是被容忍的，因为从损害禁止的目的来看，损害禁止是为了创设权利，或者说是为了保障自由。从权利与义务的关系来看，虽然说创设一种新权利必然也意味着新的义务的产生，两者相抵，自由在总量上并没有发生变化，但是新权利的确立，表明社会认同与共享的自由范围扩大了，自由的品质也随之得到提升。正是基于此种原因，在侵权法领域的损害禁止与法律确定性之间的矛盾与冲突才是可以容忍的。

可见，以损害禁止为基础的权利推理方式，其推理路径与以利益确认为基础的权利推理路径恰恰相反，前者首先发现不正当的侵害行为，此种侵害行为需要法律予以禁止，然后才有关于此种权利的描述。而后者是首先发现正当利益，经过利益衡量与考察，使其上升为权利，并设定义务予以保障。二者从正反两个方面论证了归纳式权利推理的逻辑演进过程，使得权利产生具备了严密的理论基础。

（3）以损害禁止为基础的环境人格权利推理

任何事物都具有两面性，我们在分析基于环境所产生的各种利益时发现，环境不仅能够给人们提供巨大的物质财富，使人们产生精神上的美感与欢愉，也可能使人们遭受损害。生态危机、环境污染所导致的利益损害触目皆是，社会利益结构面临重大调整。发现、避免和减少这些损害，也就说明了为受害方设置环境权利的必要性。环境人格利益的矛盾主要源于环境资源的公共性与稀缺性的冲突日益加深。环境资源的公共性表现在，任何人都可以任意取得和挥霍，"即任何一个社会个体包括个人和企业等在经济活动中不计环境成本，将自身的利益建立在环境成本由社会分担的基础之上"[2]。负外部性问题的出现，源于市场经济条件下，经济人对自身利益最大化的追逐，是一种典型的损人利己的行为。同时，环境资源是一种典型的公共产物，从经济学角度来讲，公共产品是指消费中不需要竞争的非专有物品。[3]这类产品的主要特点首先是一个人消费这种产品不影响其他任何消费者的消费，即所谓的"非竞争性消费"；其次，杜绝消费这类产品而不付钱之"揩油者"的费用太高，以至于没有一个追求利润最大化的私人厂商愿意供应这类产品。[4]有人也

[1] 参见王利明. 侵权行为概念之研究[J]. 法学家，2003（3）：62-71.（我国《民法通则》第5条中的所谓"民事权益受法律保护"表明法律既保护民事权利也保护民事利益，而民事利益可以是没有被纳入法律明确保护的范围，但却是应该给予保护的正当利益。而《最高人民法院关于确定民事侵权精神损害赔偿责任若干问题的解释》也表明了司法实践认可"故意以有悖于善良风俗之方法加损害于他人"构成侵权，从损害禁止的角度论证了公民的精神健康和安宁是法律权利保护的范围，从而确认公民享有精神健康权和安宁生活的权利。）

[2] 李昌麒. 经济法学[M]. 北京：法律出版社，2008：36.

[3] 萨缪尔森，诺德豪斯. 经济学[M]. 高鸿业，等，译. 北京：中国发展出版社，1992：194.

[4] 钱弘道. 经济分析法学[M]. 北京：法律出版社，2003：188.

将其概括为非排他性和非竞争性。然而环境资源毕竟是有限的，环境自身的承载能力也不是无穷尽的。经过多年的消费，环境资源的稀缺性逐渐凸显出来。同时环境资源的价值多元性也日益为人们所认知，经济价值之外的审美、娱乐消遣及生态价值受到越来越多的关注。其实早在古希腊时期的人们就认为，自然本身就是美的，并且成为艺术模仿的对象。而对这种环境美学的肯定，在中国古代的诗词、绘画及园林建筑中得到了更为全面的阐释与肯定。成为诗人、画家吟咏、赞美的对象。我国古代的道家学派就崇尚自然美，认为和谐的就是美的，并强调在自然中去体验这种美，达到天人合一的境界。《庄子·天道》中写道："夫虚静、恬淡、寂漠、无为者，万物之本也。……以此退居而闲游，江海、山林之士服。以此进为而抚世，则功大名显而天下一也。静而圣，动而王，无为也而尊，朴素而天下莫能与之争美。"环境资源的多元价值之间并不总是和谐的，各种价值之间因利益主张的不同可能会出现冲突和矛盾，例如开采矿山就会破坏生态和审美价值，因此就需要在其经济价值与生态价值之间进行取舍。而环境资源的经济价值方面，法律对其开发利用早有一套相对成熟的法律制度进行约束，而环境资源的生态价值及美学价值等的法律确认和保护却一直处于空白状态。

环境损害体现在多方面，如酸雨现象、雾霾天气、臭氧环境问题、温室效应、非洲大灾荒，等等，严重威胁到了人类的生存与发展。从某种程度上来说对环境的损害，就是对人类的损害，二者之间的因果关系有些虽然需要依靠科学技术的进步来进一步论证，但是人对环境的依赖是不言而喻的，自然环境的些微变化都可能引起人类身体上的变化。对环境的侵害，不仅仅使得人类赖以生存的物质产品陷入枯竭，其对人的精神上的损害也是显而易见的。且不说能令人心旷神怡的自然环境的消失所给人带来的美感的缺失，通过环境的媒介作用对人产生的侵害更是触目惊心，人们仍然难以忘记日本的骨痛病、水俣病等环境污染所造成的疾病的伤痛，对日本民众来讲那就是一场梦魇。我们也不可能对我国近几年的雾霾问题视而不见，虽然说其与疾病之间的因果关系的论证尚未达到必然性的程度，然而大家仍对环境状况充满了担忧。为了避免和减少环境污染的伤害，法律必须对污染和破坏环境的侵害行为予以禁止，进行制裁，更为重要的是为潜在的受损害方设定环境权利，通过权利激励机制，促使权利主体积极行使权利，保护合法的环境权益免受侵害，这就使得损害禁止的环境利益具备了上升为环境权利的正当理由。有很多学者认为在现有法律制度的框架内也可以解决此种问题，比如通过身体权、健康权及相邻权制度，可以实现对环境人格利益的法律保护。但是事实情况却并非如此，对身体权、健康权或者生命权的侵害是环境人格利益遭受的更为严重的后果，此种制度只能是一种事后救济的方式，却难以达到事前预防的法律效果。相邻权制度在某种程度上也保护了环境人格利益，学理上称之为环境相邻权。它是对传统相邻权制度的扩张解释，但是其保护范围是有限的，相邻权制度设立的宗旨是为了保护不动产权利人的相邻关系，在相邻采光、通风等方面保护了不动产权利人的环境人格利益，但对于非相邻关系的主体，此种制度则显得力不从心。

人格权的确立表征着主体的独立地位，人格自由、人格独立、人格平等是人格权的精神和灵魂。环境人格利益的显现也主要源于生态危机，环境已经对人的自由、独立与平等产生了严重影响甚至是约束，在良好的环境中生存的愿望已经变成一种奢求。对于生活在21世纪的人类来讲，适宜、良好的环境是提升生活品质、自我发展和社会进步的重要标志，是实现自我价值的基础。生态文明背景下的公民有权要求国家以法律形式确保生存环境的宜居性，避免由于环境污染和破坏所带来的经济损失和精神痛苦。越来越多的人意识到了环境的适宜性的可贵，绿色环保观念深入人心。

总而言之，归纳式环境人格权的权利推理过程，从正反两方面向我们展示环境人格权的权利推理过程，从利益到权利，从损害禁止到权利确认，说明了环境人格权确立的逻辑思维过程，从理论上阐明了环境人格权的脉络演进过程，是环境人格权法律确认正当性的前提和基础。

三、环境人格权的法哲学基础

（一）个人主义的生态拓展

上述对传统的人类中心主义哲学观点的批判，是不是对以个人中心主义为基础的现代人格平等、自由、尊严等价值的彻底否定呢？个人主义是现代思想的核心信条，它极为重视人的尊严、自主性、个人隐私和个人发展等基本价值观念，将人视为价值的最终源泉和最终极的权利主体。由于它满足了人们挣脱封建传统束缚，追求个性解放的需求，因而在现代化进程中逐渐成为一种主流思想。也正因为如此，其遭到了环境哲学的批判，认为其与西方传统哲学史一脉相承。其过于强调个人的权利，而不重视自己应承担的社会责任，其在价值导向上不仅是错误的，而且是极其危险的。在与生态学密切相关的环境伦理学中，个人主义在被用于非人事物时，往往被称为个体主体。主要观点为动物解放理论和生物中心个体主义。动物解放理论的倡导者为汤姆·里根和彼得·辛格，认为动物本身就有固有价值，应该拥有同人一样的道德资格或者说道德权利。而生物中心个体主义的倡导者是施维泽和泰勒。他们认为每一个生物，或者说一切生物都拥有固有价值，都是生命主体，因而都具有道德资格，从而拥有权利。无论哪种主张，都是将尊重个人的伦理学观点进行扩张的结果，亦即个人主义思想在人与自然关系上的反映。

（二）整体主义的生态关怀

正因为个体主义与现代思想有着千丝万缕的联系，其本质上仍然没有挣脱个人主义的窠臼，在生态关怀方面存在明显不足，并且反对整体主体的立场，因而被认为不是坚定的环境伦理的支持者。整体主义则主张事物之间的相互关联性，认为不存在绝对孤立的事物。只是在不同的系统中，依赖程度有所区别而已。我们在认识和把握事物时，要从整体中去把握和理解，注意事物之间的内在联系。在整体与部分的关系方面，整体是高于部分的。整体主义虽然特别强调事物的整体性和关联性，但它并没有否定部分和个体在整个系统中的重要性，并且它同样认为不同的事物拥有不同等级的价值。从整体主义的论述中我们可以看出，它不是彻底否定个人存在的价值，并非否认个人权利的存在，只是在承认个人的相对独立性的同时，又强调个人对他人和社会的依赖性。它是一种生态学的基本方法，强调人是整个生态系统中的一个物种，其存在和发展依赖于生态系统的完整性和稳定性。它是同人类中心主义相对立的。它将人与生物圈的关系视为伦理关系，并将是否有利于生态系统的完整、稳定和美丽作为人与自然关系的判断标准。

（三）个人主义的现代价值

上述观点的出现并非意味着个人主义观点已经过时，并为现代哲学所抛弃。从根本上来讲，人类中心主义与个人主义存在本质上的不同。人类中心主义是就人与自然之间的关系而言的，其以笛卡儿的主客二分为基础，以征服与统治自然界为主要内容。而个人主义是以人的自我意识和自主性、个人独立、个人自由及个人价值的肯定为内容，主要针对个人与国家、社会的关系而言的。二者虽然同属人本主义的重要内容，但个人中心主义所对抗的是专权统治，追求的是个人解放，它与人类中心主义不是完全相同的。当人类中心主义因世界性的生态危机遭到唾弃和抨击时，个人中心主义的基础并未被撼动。只是其内容发生了变化，或者说进行了拓展。并且这种批判会使现代人格的内容更加完善和丰富，并且更符合人类的根本利益。因此，个人中心主义仍然是人格权的哲学基础。人与自然的和谐相处成为新的人格模式。早在一百多年前，马克思就曾对人与自然的关系进行过论述，认为人与自然之间不是对立的关系，人本身就是自然的一部分，并提出了"人本主义必须与自然主义相结合"。因此，当我们追求人格平等、自由、尊严的时候，应该谨记，我们生活在自然之中，尊重自然、与自然和谐相处应是生态文明时代法律人格的重要内容，更是实现人格的前提条件。生活在资源匮乏、空气污染、河水浑浊的自然环境中的人类，无论如何不能称之为有尊严的生活。但是我们抨击西方现代哲学，并非全盘否定它，仅仅是摒弃不能适应社会发展状况的那部分学说。因此，个人中心主义并未过时，它在新的形势下与生态哲学的部分内容进行整合和调适，成为环境人格权产生的基础。

第二章　环境人格权的宪法保护

环境人格权作为一种新的权利类型源于宪法对环境权的规定，宪法中环境人格权的功能在于防御国家公权力的侵犯，并非对人格权私权性质的否认。20世纪70年代以来，很多国家都在宪法中规定了环境权，也有部分国家通过宪法解释或推导来论证环境权的宪法基础。环境人格权的宪法规定，是人的形象在宪法上的重塑，是人的生物性尊严的最高体现和人格自由发展的必然要求。我国宪法应当规定环境权，并以此涵盖环境人格权的具体内涵，为我国环境人格权的具体规定提供源泉和效力基础。

一、宪法人格权的性质探讨

人格权究竟是一种私权还是一种公权利，或者说是宪法权利，是研究人格权问题的根本所在。由于各个国家在早期的民法典当中并没有对人格权问题进行正面回应，没有将其作为一种民事权利规定在民法典中，只是将其作为一种当受到侵害时才予以保护的消极权利。由此，有学者认为人格权是高于一般民事权利的法定权利或者是自然权利，并不是由于民法的赋予而产生的权利。并且从德国一般人格权产生的历史过程也可以得出这样一个结论，人格权是由宪法创设的权利，是一项宪法权利[1]。龙卫球教授则认为德国基本法与德国法院共同创设一般人格权的事实，说明人格权的身份发生了根本性转变，由民法权利跃升为宪法权利。但是，笔者以为以上述理由说明人格权的性质就是一种宪法权利并不充分。

首先，回顾历史，在《法国民法典》当中确实没有人格权的规定，然而这并非立法者对人格权问题视而不见、无动于衷，只是因为在当时的历史条件下，人格权观念还没有形成，或者说在康德的伦理哲学出现之前的时代很难发现人格权。而在《德国民法典》当中对具体人格要素进行了构建，其保护方式是在侵权责任法范围内设定的，是一种消极的保护方式，因而并没有建立起体系化的人格权制度。但是这种规定也是无奈之举，因为人格权的客体反指人本身，同时人格权受到侵害后无法用传统意义上的债的含义来解释，其权利内容和范围亦无法确定。正是基于以上理由，《德国民法典》才没有规定人格权。然而《德国民法典》中人格权的发展虽然并不顺畅，却并不妨碍其他国家基于社会发展的需要规定人格权，瑞士、埃塞俄比亚、越南等国家的民法典中均对人格权进行了正面的赋权性规定。我国《民法通则》中不仅规定了人格权的概念，还系统规定了具体的人格权。

其次，宪法权利并不等于公权利。在我国宪法是母法，是其他部门法的效力依据。一直以来，理论学界对宪法的公法性质都基本认同。然而公法所规定的法律权利

---

[1] 尹田.论人格权的本质：兼评我国民法草案关于人格权的规定[J].法学研究，2003（4）：3-14.

就都是公权利吗？答案显然是否定的。"在现代，宪法的含义不仅是规定主要国家机关的组织、职权等问题，而是更强调人和公民的权利，以及对国家机关行为的监督。"[1]从宪法规定的任何公民的内容来讲，除了政治权利和自由，如选举权被选举权、控告权、游行示威等权利是典型的公权利之外，其他的权利诸如有关人格尊严、自由、生命、身体、健康，甚至是受教育权等都不能简单地认为其规定在宪法中，宪法是公法，因而就是公权利。众所周知，市场经济的充分发展是市民社会与政治国家相分离的重要前提，现代宪法正是在对这种二元社会结构进行确认的基础上制定的。也就是说我们每个人在宪法中具有双重身份：政治国家的公民与市民社会的自然人。宪法对政治国家中的公民权利的规定属于公权利，而对于市民社会中自然人权利的规定则属于私权。

最后，从宪法中对人格权规定的功能分析，宪法中对私权的确认从根本上说是为了预防公权利的侵害，从本质上来讲就是为了限制公权利的权利界限。而民法中的私权则不同，其功能在于划定私人之间的自由界定，促进社会和谐进步。人格权在宪法中的规定，就是为了限制国家对个人自由、个人尊严与发展的任意践踏和侵犯，但是我们不能认为此等权利具有对抗国家公权力的功能就认为这是一种公权利。由于我国宪法不能直接作为司法审判的依据，也就是说宪法规范不具有可司法性，因此宪法所规定的权利内容必须与部门法相结合，才能成为具体的权利，宪法的精神也才能得以实现。也就是说在我国，人格权的规定如果仅仅停留在宪法层面，那么其只是一种宣示性的权利，不具有可操作性。但是，如果没有宪法中关于人格权的规定，那么民法中人格权的规定就成了无本之木、无水之源。换句话说，宪法中人格权的规定是必要的，它是民法人格权的源泉所在。二者相互结合才能构建完整的人格权体系。

总而言之，人格权是一种私权，主要应该规定在民法典中，但是人格权的私权属性并不影响宪法对其进行规范，从另一个角度来讲，作为一种对人的自由、尊严和发展进行肯定和保护的权利形式，人格权必须由宪法首先予以确认，凸显了一种法律的人文主义关怀，是对人之所以为人的认可。

二、环境人格权的宪法基础

环境问题的日益紧张使得很多人已经意识到了环境人格利益的存在，并引起了法学理论界的关注，在国外尚没有环境人格权的提法，虽然美国与日本司法实践中已经对环境人格利益进行保护，但并未将其上升为一种权利进行探讨和论述，许多国家都是通过在宪法中规定环境权或者是通过人权法对环境人格利益进行保护，各学者对环境权的内涵界定虽众说纷纭、莫衷一是，但是通过对环境权概念的分析，我们可以看出，无论是从什么角度界定环境权，各学者均承认环境权包含了一种享有良好环境的精神利益，此种利益就是笔者所说的环境人格权。虽然大部分学者对环境权的探讨侧重于对环境财产利益的保护，但是在他们的论述中或多或少都提到了环境人格利益，正是基于此种理由，笔者认为从理论上讲环境人格权就是环境权的子权利。对环境权的规定和保护，从

[1] 沈宗灵. 比较法研究[M]. 北京：北京大学出版社，1998：98.

某种程度上来讲就是对环境人格权的规定和保护。

（一）环境人格权的宪法规定

环境权理论虽然发源于美国和日本，但是最先将其法定化并写入宪法的却并不是这两个国家。20世纪70年代开始，环境权不再止于理论上的探讨，很多国家开始将其写入宪法，首开先河的是南斯拉夫联邦，其在宪法中规定："人有得到健康的生活环境的权利。社会共同体为行使这一权利保证条件"[1]。到了20世纪90年代，环境权写入宪法已经成为一种潮流，许多国家的宪法中都写入了环境权条款，比如俄罗斯、委内瑞拉、南非共和国，等等。2005年法国《环境宪章》的通过，是环境权写入宪法的新的进展，法国宪法将环境权与公民权利、政治权利、经济与社会权利置于同等地位，使环境权成为至高无上的权利。美国在1968年和1970年曾有参议会提议有关环境权的宪法修正案，但是并没有通过。与此相反的是，在美国很多州的宪法都承认了环境权，宾夕法尼亚州、夏威夷州、伊利诺伊州、马萨诸塞州、蒙大拿州都将环境权写入了宪法。

（二）环境人格权的宪法推导

由于环境污染与破坏往往会侵害人的健康权，因此有些国家将环境权隐含于健康权的保护之中，1972年匈牙利宪法在规定了健康权之后，又规定可以"通过保护人类环境来实现"健康权。后来在1989年的宪法中规定环境权为匈牙利公民的"最高水平的身体和精神健康权"，并通过保护环境来实现。波兰共和国同样将环境权放诸健康权之下进行保护，政府有义务预防环境问题给人的健康所带来的危害。塔吉克斯坦共和国也在宪法中规定了健康权，而保护环境作为保护健康权的一项措施存在。

（三）环境人格权的宪法解释

因为有些国家在宪法中没有明确规定环境权，因此在这些国家的理论界和实务界是通过宪法解释的方式推导出环境权存在的，我们在本书中也可以说推导出环境人格权的存在。在日本，环境权作为一种宪法权利，已经得到了学界的一致认可，但是环境权并没有明确规定在宪法中，因此环境权的宪法依据问题就成为日本环境权争论的核心问题。有日本学者认为环境权的宪法依据为日本宪法25条，该条款是对公民生存权的规定，而良好舒适的环境应是生存权的应有之义。但是也有日本学者认为环境权产生的宪法依据并不是25条，而应当是13条有关幸福追求权的规定。日本宪法13条是对一种人权的规定，幸福追求权是一种概括性的权利，理应包括环境权。然而目前日本学界认为，环境权的宪法基础要从宪法13条与25条两个法条中共同寻求，即所谓的"双重根据"。双重根据理论目前在日本已经为大多数学者所接受，这一理论认为对于没有规定在基本权中，但是对于人的生存是不可缺少的权利或者说是自由，可以依据宪法13条进行保护，而环境权是一种人格权或者说是人格权的一种，因此可以寻求宪法13条的保障。但是从13条的规定来看，其是对自由权利的保障性规定，因此依据此条推导出的环境权仅仅是一种防御权，用以防止环境污染和破坏对环境权的侵害。而从请求权的角度来讲，

---

[1] 姜士林，陈玮. 世界宪法大全（上卷）[M]. 北京：中国广播电视出版社，1989：909.

要想要求国家采取措施维持或者改善环境，则应该以宪法25条为依据。在美国，学界也力图通过宪法修正案5、宪法修正案9，以及宪法修正案14推导出环境权的内容，但是这种尝试并未获得实务界的认可。在德国，环境权的主张者则力图通过《基本法》第1条、第2条有关人类尊严及自由发展人格之规定推导出环境权，不过这种解释亦没有获得理论界和实务界的普遍认可。

从以上有关环境权的规定或者是推导和解释中可以看出，环境人格利益的宪法保护问题既可以从环境权的宪法规定中寻找，亦可以通过宪法推导与解释的方式获得。笔者一直秉持的一种观点是环境人格权是环境权的子权利，对环境权的规定亦是对环境人格权的规定。同时环境人格权亦是人格权的一种，从这个角度来讲，亦可以通过宪法中有关人格权的规定来寻求环境人格权的宪法基础。事实上，有关环境权与人格权的关系问题，在环境权理论产生之初，就已经有学者注意到了二者之间的某种联系。前文所提日本学者的观点，从本质上来讲，其就是认为环境权是人格权或者是人格权的一种。当然日本学者的推导方式或者逻辑推理并不严密，其是从环境侵权的后果来推导的，在他们看来，由于环境侵权往往导致人的身体、健康或者生命受损，是对人的人格权利的侵犯，因此认为环境权就是人格权或者是人格权的一种。德国学者从《基本法》第1条、第2条的规定中寻求环境权产生的依据，表明其也注意到了环境权与人格权之间的密切联系，因为在法学界，普遍认为德国《基本法》第1条、第2条是一般人格权的宪法依据。由此可见，在德国环境权中必然含有人格利益因素。其实，环境人格权确实是作为生物意义上的人必不可少的一项权利，是人的生物性尊严在法律上的具体体现。人的自然属性是社会属性的基础，两种属性之间不是对立的，而是相互渗透的。人首先是一种动物性的存在，这种存在方式就要求适宜的生存环境，这是种类繁衍和生命延续的必要条件。对环境的污染和破坏，很可能侵害人的生命、身体和健康，无法保障人的尊严。传统理论中，我们所讲的人的尊严主要是对人的社会属性的认可，对人的社会交往中的价值、地位的认同，并没有注意到人的生物性尊严的重要价值。随着环境伦理哲学的繁荣，我们认为人的尊严首先就是对人的生物性尊严的认可，这种认可体现在具体的法律制度中就是对环境人格权的规定。比利时宪法中就首先规定了人的人性尊严，认为每个人都有权过有尊严的生活，为了这一目的每个人都有"享受健康环境保护的权利"。印度也认为，生命权就是要活得有人类的尊严，这种尊严可以在适宜的环境中生活而获得。因为我们所说的生命权利绝不仅仅是一种动物性的存在。因此，在前文的论述中我们可以看出，有的国家在宪法中直接规定环境权，有的国家通过对健康权的规定推导出环境权，其实从环境人格权的角度来看，就是通过环境权和人格权的规定，甚至是通过宪法对人类尊严的规定都可以推导出环境人格权。也就是说，笔者认为，既可以从环境权的宪法规定中推导出环境人格权，亦可以从人格权的宪法规定中推导出环境人格权。换句话说，宪法中有关环境权和人格权的法律规定，都是环境人格权的宪法基础。

三、宪法环境人格权的价值

（一）人的生物性尊严价值的最高体现

德国之所以将人的尊严和自由发展人格的权利首先规定在基本法中，完全是基于对深刻历史教训的反思。联邦宪法法院由此认为，人格是基本法的最高价值，人的尊严不仅是基本法而且是所有法律的最高价值准则。按照德国基本法的规定，人的尊严是人固有的，或者说是人生来具有的，而不是被赋予的。但是德国基本法并没有对人的尊严给予明确的界定，学界普遍认为，人的尊严是人的主体性的体现，是人之所以为人的价值，换句话说，人的尊严所要确立的是人的主体性和自主性，当将人当作一种工具或手段时即侵害了人的尊严。我国学者对人的尊严也有不同理解，但是基本上都认同人的尊严的含义中人的主体性和自主性是其核心要素。公民不是国家统治的工具，相反是国家存在的前提和基础，也是国家存在的目的，也就是说国家是公权权利保障的工具，是为了保障人的主体性而进行的制度设计。同时，人本身即是目的，可以自主地决定自己的生活而不被他人所操控。从人的尊严的规定来看，各国基本都将其作为宪法的根本价值或者说是最高目标进行规定，但从人的尊严的历史发展来看，其所关注的主要是对人的社会属性的最高认可，是人的社会性尊严的宪法确认。然而，从人的本质来讲，人的属性包括两个方面，除却社会属性尚有自然属性存在，人首先是一种动物性存在，然后才是社会中的人。人的尊严也应该包含两个方面的内容，即社会性尊严与生物性尊严。人的自然属性在其群体生活中的延伸与发展不仅造就了人的社会属性，也为人性的产生与确立奠定了基础。[1]人的生物性尊严是指人作为一种生物性存在所具有的，它在人类社会中表现为一种自然的秩序，这种秩序包括自然的生存秩序和伦理秩序。自然的生存秩序是指人与人之间基于生理需求而确立的尊严关系。这种尊严关系体现为弱肉强食、适者生存。人正是通过这种自然的生存秩序确立了原始的等级尊严观念，人固有的尊严也正是源于尊严的自然属性。[2]人的伦理秩序是基于人的情感本能而建立的尊严关系。这种尊严关系体现为长幼有序、尊卑有别。人正是通过生物性尊严逐步确立了社会性的道德观念和标准，衍生出人的社会性尊严。人的自然属性是人所固有的属性，同样人的生物性尊严也是人所固有的尊严。人的生物性尊严是其社会性尊严的基础。当然人的生物性尊严也受到社会性尊严的制约，使得人类的生物性尊严具有了社会性的烙印，从而区别于其他动物而存在。由于传统哲学理论上对人的自然属性的忽视，各国宪法侧重于对人的社会性尊严的肯定和保护，对人的生物性尊严并没有给予多少关注。生态危机的出现，促使我们重新思考与界定人的尊严与环境之间的关系。《海牙环境宣言》就提出人拥有在适宜的环境中有尊严地生活的权利。环境人格权是人对于自然所享有的利益，是在深刻反思人与自然之间的关系的基础上所提出的一种权利关系，这种权利的提出反映了当前社会人与自然环境之间的紧张状态，在环境问题日益严重的现实条件下，人的生物性尊严遭受了严重的践踏，人的基本生存受到了威胁。人的生物性尊严的价值也重新获得了肯定。宪法本身也是随着社会历史的变迁而不断发展变化的法律，它既是对历史经验的总结，也是对社会生活的形塑。毫无疑问，环境保护是现代社会生活的重要主题，对人的生物性尊严的肯定是宪法对这一现实的深切呼应。

（二）人格自由发展的必然体现

人的尊严与人格自由发展之间具有密切的关联性，对人的尊严的肯定和保护，必

[1] 赵敦华.人性和伦理的跨文化研究[M].哈尔滨：黑龙江人民出版社，2004：201.

[2] 陈仲庚，张雨新.人格心理学[M].沈阳：辽宁人民出版社，1987：52.

然要求对自由人格进行法律保护。自由是法律追求的价值所在，这种自由意味着人可以自由地选择自己的生存方式，这种自由将人与动物区分开来，是人的尊严的重要内容。在环境问题出现之前，人享有完整的自然属性，并将自己当成自然界的主宰，自然界成为实现人类自由的工具和手段。然而当人类承受了自然界无情的报复和打击之后，不得不将自己的自由进行限定并重新思考人与自然之间的关系，自由与生态安全问题成为人生存本身所面临的矛盾。绝对的自由对人的生存造成了威胁，但是如果完全限制人的自由，则是对人的本性的一种否定。因此需要在二者之间进行利益考量，使自由与安全达到某种平衡状态。人滥用自由权利的结果，就是自然环境的严重破坏、生态危机的全面爆发。在反思人与自然的关系中，不断划定人类自由的界限以保障人的安全不受威胁，因此，环境人格权的提出正是二者冲突与协调的结果。从宪法角度对环境人格权进行肯定，充分体现了人的人格自由发展的时代特性，是生态社会条件下人格自由发展的必然体现。

（三）对生态安全客观价值秩序的肯定

从德国人格权产生的一般过程来看，其作为基本权利的人格权具有主观权利的面相。作为主观权利的宪法权利是一种积极权利，具有可诉性，因此此种宪法权利不需要通过部门法具体化，本身即可作为诉讼依据。但是由于我国学者对宪法的认识深受苏联的影响，认为宪法是作为国家的根本法和其他部门法的母法而存在的，这使得宪法仅仅具有客观法的作用。宪法作为国家根本性法律，对各个部门法都具有相当大的影响，合宪性解释是部门法必须遵循的解释规则。因此，宪法是各个部门法法律效力的形式渊源，具有确定法律基本价值秩序的功能。宪法中规定的基本权利事实上也是一种客观的价值秩序，这种客观的价值秩序是国家制度建立的基础，成为整个社会的基石。各个国家宪法对环境权的规定，基本都是从客观价值秩序的角度出发对生态安全价值的肯定，是将生态安全作为一种法律追求的根本价值固定下来。这种具有生态安全价值的宪法肯定会通过部门法渗透至全部法律规范，为环境人格权的具体规定奠定了深厚的价值基础。

四、环境人格权宪法保护方式

（一）环境人格权宪法保护的模式选择

第二次世界大战以来，宪法将人的形象放置于至高无上的地位，整个宪法秩序的建立都是以人的形象为基础和前提的，这固然是对第二次世界大战惨痛历史教训的深刻反思，同时也表明了法律的人文主义的张扬，人是起点也是目的。各国有关环境权的立法基于不同的文化背景和法律传统，结合本国环境问题的实际情况，产生了多种环境权的宪法确立方式，一般来说，比较典型的有三种情况：一是以权利义务相对等的方式进行立法，就是说规定公民享有环境人格权的同时，也享有保护环境的义务，国家的职责就是保障公民环境人格权的实现。这种宪法权利规定方式与民事权利如出一辙，它强调权利、义务的对等性，权利与义务相辅相成，同生共存，享有权利就必须负担义务，负担义务也必然享有权利。这种设计方式突出反映了大陆法系的法律传统和民法思维模式，法国宪法就采取了此种规定方法，其在《环境宪章》中首先规定了公民的环境权利，然后规定公民的环境保护义务。二是以将公民环境人格权的享有与国家的义务相对应的方式进行立法。这种以公民权利为本位的宪法设计的法律基础源于天赋人权。从公民与国家的关系来讲，公民是作为权利主体而存在的，环境人格权是其与生俱来的不可剥夺的固有权利，国家则完全是以义务主体的身份而存在的，其主要义务就是保障权利主体的权利得到实现。在这种权利义务的设计中，权利与义务被赋予不同的主体，公民环境人格权的实现并不是国家行使权力的结果，而是国家履行义务的结果，国家是负有环境人格义务的主体。在环境人格权法律关系中，权利人依靠自己很难维护自己的权利，需要国家积极履行自己的环境义务并制定相应的法律规则帮助其实现这一权利。从自然法与社会法的关系中，我们不难看出这种宪法设计的合理性。自然法高于社会法，人首先是一种动物性的存在体，源于自然界，因此其种类的繁衍与发展必然受制于自然法的约束，但人又是一种社会性存在物，人的社会性使其逐步摆脱了自然法的控制而受制于社会法，人的自然属性打上了社会属性的烙印。人的社会属性的存在使人类区别于其他动物，而这种社会性也使得人类社会有能力进行规则的调整和制定，将自然法与社会法进行整合后制定新的规则体系。也才会有环境人格权权利主体与义务主体的错位设计。挪威宪法有关环境权的规定有三个条款，第一款规定了公民的环境权利，第二款规定了环境知情权，第三款则规定了国家的法律制定义务。从挪威宪法的规定来看，事实上第二款也是对国家义务的强调，国家有义务使公民的环境知情权成为一种现实上具有可操作性的具体权利。三是将前述两种规定方式结合起来设计宪法环境人格权，也就是说在宪法中既规定公民的环境人格权利义务关系，也规定了国家的环境保护义务。这种设计中存在两种义务关系，即公民的环境义务与国家的环境义务，一般来说以国家的环境义务为主，也就是说国家的环境义务是第一位的，公民的环境义务则是第二位的、辅助性的义务。此种设计方案事实上是已经意识到公民环境义务的履行需要政府提供条件，因此才在宪法中首先规定国家的环境保护义务，为公民环境义务的实现创造良好的外部条件。而在现实当中，由于环境资源具有公共性特征，因此在环境保护问题上，国家具有更大的优势。芬兰就在宪法中首先规定了国家的环境保护义务，然后规定了公民享有的环境权利义务。

（二）环境人格权宪法保护的具体方式

上述环境人格权的宪法设计中，第一种宪法规定方式有利于利用市场的经济激励机制，促使公民积极参与到环境保护的行动中去，但是难以实现对后代人的环境权利及弱势群体基于生存需求而产生的环境权利的保护。第二种方式能够使国家积极有效地采取措施保护环境，但是却忽视了环境保护中需要公民的协同配合，同时公民享有的良好环境权可能与部门法中对环境资源的开发利用产生冲突，从而引发环境保护与经济发展之间的矛盾。而第三种方式将前两种方式结合起来，既吸收了优点又克服了不足，国家环境保护义务的主导地位与公民环境保护义务的辅助地位，能够促使国家与公民之间通力合作，更有利于生态环境的保护和社会经济的发展。

我国宪法环境人格权首先可以从宪法中有关人格权的规定中通过解释的方式进行推导，但是这种方式实现起来比较复杂，在我国这样一个刚性宪法国家，宪法解释是一个复杂的程序。虽然从理论上来讲，我们可以通过推理方式推导出环境人格权的宪法基础，但是在实际操作过程中却阻碍重重。我国在司法实践中有很多关于部门法的司法解释，但是迄今为止却没有有关宪法的司法解释，这在某种程度上说明宪法解释具有更为严格和复杂的法律程序。这种推导也仅止于理论上的，没有任何实际意义。因此笔者以为，我国应效仿上述第三种有关环境人格权的设计方案，在我国宪法中进行规定。当然这并不是要在我国宪法中直接规定环境人格权的内容，只是将公民的环境权规定在我国宪法第二章中，因为环境人格权作为环境权的子权利，环境权的规定完全可以涵盖环境人格权。具体而言，我国宪法应明确规定公民在良好适宜的环境中有尊严地生活的权利，这种对公民环境权利规定的方式就涵盖了环境人格权的内涵。也就是说我国宪法规定的公民环境权突出的权利内容就是环境人格权，这种对环境人格权的概括性规定主要从精神上满足了人类对自然环境的精神需求，当然这种精神需求是在满足物质需要的基础上产生的，因此笔者从不认为环境权的内容就是环境人格权，只是认为环境人格权是环境权的内容之一。在我国，宪法是作为一种客观法而存在的，其是对法律秩序的一种宣示，不具可司法性。环境权与环境人格权不可能分别在宪法中予以规定，因为从理论上来讲，两者的区分是十分困难的，因此只能以规定环境权的方式来涵盖环境人格权。环境人格权作为一种精神性的权利和环境伦理道德的权利存在形式，应当是全体公民所共同享有的权利。宪法规定的环境人格权是环境哲学的宪法体现，其功能在于对抗国家对人的环境人格权的侵犯，并为私法环境人格权的具体设定提供源泉。

作为环境人格权具体化的方式，笔者认为由于环境人格权属于人格权的一种权利类型，人格权从本质上来讲属于私法，因此应主要在私法中规定环境人格权。具体而言，应规定在人格权法中，并具体规定环境人格权的类型，包括清洁空气权、清洁水权、阳光权、宁静权、景观权等权利类型。同时为保障公民环境人格权的具体实现，还应在环境基本法中设置环境人格权保护的程序，包括环境知情权、参与权、控告、检举等权利，并设置科学的技术标准，作为侵犯环境人格权的法律依据。

第三章　环境人格权的行政法保护

诚然，环境人格权是一项私法权利，主要由私法进行确认和保障。具体来说环境人格权作为一项新型人格权应当由人格权法进行确认和保障。然而对一项法律权利的保障往往是全方位的，环境人格权主要由私法进行保障，并不能排除其他法律对它的保护作用。部门法都有自己的适用领域，并在各自领域内实现对权利的保护。环境人格权是一项私权，然而其又有别于传统私权，环境人格权是一项具有公益性的私权，其公益性特征是公法对环境人格权保障的理论基础。

一、环境人格权行政法保护的理论基础

关于私法与公法的划分可以追溯至罗马法时期，这一划分是由罗马法学家乌尔比安首先提出的。在他眼里公法就是保护公共利益的法律，而私法则是调整个人利益的法律。罗马法有关公法与私法的划分对后世产生了深远的影响，尤其是对深具概念法学传统的大陆法系国家来说，其法律体系的建立就是以此种划分作为基础的。但是随着社会的发展，公法与私法划分理论的标准和内涵均发生了很大变化，具有了鲜明的时代特色。特别是20世纪以来，公共利益与私人利益已经越来越难以找到明显的界限，乌尔比安这种以所保护的利益作为划分公私法的标准已经不能适应社会的发展。因此后来又提出了很多划分标准，以适应公法私法化的趋势。诚然，这种趋势的出现是对传统公私法划分方法的挑战，但是大陆法系的整个法律制度基础并未因此而改变。公法的主要任务仍然是保护公共利益，私法也主要是在私法领域起主要作用。与私法相比，公法在实现法律的秩序、效率方面具有独特的优势，作为公共利益的代表，必然以维护公共利益为己任。环境物品是一种公共资源，具有公共物品的特性。而环境问题的出现从本质上来讲，正是源于其公共物品的特性，环境消费是一种非竞争性消费，从经济学的角度讲，这就是负外部性产生的根源所在。一般来讲，私法很难解决公共产品的负外部性问题，各国都采取了公法手段来平衡这种利益关系。从各国环境问题的解决路径来看，采用公法手段遏制环境问题是普遍的做法。环境人格权产生于环境资源的舒适性价值，这种舒适性价值也是一种公共物品。环境人格权是一种人格权，其本质上就是一种私权。但是这种私权却具有公共性的特征，是一种具有公益性的私权。也就是说，这种权利关系产生于私人之间，私人主体为了个人利益，客观上也维护了环境公共利益，增加了整个社会的公共利益。这是一种典型的主观上为自己、客观上为他人的私法权利。而私法对环境人格权的确立，从根本上来讲是为了实现人的尊严、自由和全面发展，是对人的自然属性和生物性尊严的认可和法律确认。从经济学的角度来讲，这也是一种市场经济条件下的利益驱动机制。通过赋权的方式激励私法个人主体积极参与到环境保护与治理当中，调动每一个人的积极性，共同应对环境污染与

生态危机。综上所述，我们治理环境的基本思路应该是公私法相结合的。在环境治理方面，公法相对成熟，已经基本建立了完善的环境保护与治理制度，这些制度为私法方面确立环境人格权提供了前提和基础。没有公法制度中有关技术标准的确定，环境人格权便只能停留在一种抽象的私法的应有权利的层面，因为不具有操作性而很难进行具体确权成为法定权利。从另一个层面上讲，即便是纯粹的传统意义上的私法权利，虽然主要由私法进行确权和保护，但是并不排斥公法在其管辖范围内的保障。因此可以说，无论从哪个角度讲，环境人格权的行政法保护都具有正当性的基础，并且环境问题的公共性特征使环境人格权的私法确权和实现在某种程度上依赖于环境公法制度的设计。正是从这个角度讲，环境人格权的保护必须以环境公法的实现为前提，也必须对环境公法中所规定的相关制度进行介绍和整理。本文正是从这个角度出发来论证环境人格权的行政法保护的，虽然行政法中没有具体的条文来明确有关环境人格权的地位，但是行政法中有关环境制度的设计为私法中环境人格权的最终确立提供了论证的前提和基础。

二、环境人格权行政法保护的制度设计

（一）环境影响评价制度

环境影响评价制度是指对拟建项目对环境可能造成的影响进行预测、分析和评估，在此基础上提出相应的环境预防对策，并建立相应的跟踪监测制度。环境影响评价制度是一项环境污染与破坏的预防性制度，其目的就是为了避免大型建设项目对环境可能造成的潜在危险。这一制度的实施，改变了以往在建设项目的实施过程中片面追求经济效益的发展模式，综合考量对环境的影响，将对环境的不良影响降至最低，寻求经济发展与环境保护的协调发展道路。通过该项制度，各地区可以合理确定与本地区相适应的发展模式和规模，为各地区环境污染总量控制与规划、环境综合治理提供科学的方法和依据。从根本上说，环境影响评价制度是民事侵权责任自负法律原则的行政法确认，在私法当中，私法主体行使自己的权利不能侵犯他人的合法权益，每个人都应该对自己的行为负责，承担行为所带来的不利后果。因此从另一个角度来讲，每个人都有义务尊重他人的权利，防止自己的行为对他人造成损害。在环境行政法当中，项目建设者有义务事先采取预防措施，避免或者减轻环境污染与破坏对他人的合法权利造成的损害。并且，环境污染与破坏与一般民事侵权行为不同，其由于具有潜在性和累积性特征，因果关系的认定相当困难，损害后果严重且具有广泛性，一般将之称为公害，也就是说本质上是对公共利益的损害，从这一角度讲，更应该采取积极的预防措施。环境影响评价制度是由美国提出并率先应用于实践的制度，1969年美国就以法律形式将这一制度作为环境行政管理工作的一项内容进行了确认，并迅速在全国范围内进行推广。之后，各国也纷纷通过立法形式确立了这一制度。我国也很早就以立法形式确立了环境影响评价制度。早在1979年的《环境保护法》中就规定了该项制度，后来1986年的《建设项目环境保护管理办法》、1988年的《建设项目环境保护管理条例》又分别对该项制度进行了修改和完善。2002年我国制定了《中华人民共和国环境影响评价法》，建立了相对完善的环境影响评价制度。我国法律所确认的环境影响评价制度适用于与环境有关的所有建设项目，这些建设项目需要编写环境影响报告书，报环境保护行政主管部门审批。具体来说，在

环境影响评价制度中根据对环境造成的不同影响，环境影响报告书可以分为三类，对环境造成重大影响的建设项目要进行全面的环境影响评价，对环境造成一般影响的建设项目要进行专项评价，对环境影响不大的建设项目则不需进行评价。至于环境影响评价的内容，各国规定也不尽相同。我国《环境影响评价法》中对环境影响评价的内容进行了规定，首先是建设项目的基本情况，比如项目的规模、主要工艺、原料、燃料、废物的处理及发展规划等。然后是该项目周围的环境状况，既包括建设项目所在地的自然环境状况，也包括人为环境条件。在前两部分的基础上预测、分析并评估建设项目可能对周围环境造成的影响，分析这些环境影响对建设项目经济效益的作用，并提出和论证有针对性的环境保护对策，以及对其实施环境监测，最后对建设项目的环境影响进行总结，主要是运用环境保护的标准判断能否建设或者实施。因此我们可以看出，环境影响评价制度事实上就是对建设项目可行性的一种环境保护的论证，是从制度上确保建设项目对环境的不良影响降至最低。环境影响评价制度是进行建设项目所必需的程序性要求。这种大型的基础建设项目工程的实施，必然会对周围的环境产生一定的不良影响，影响周围的环境质量。对环境质量的影响就是对环境的舒适性产生影响，那么从权利上来说，也就必然会损害人的环境人格利益。环境影响评价制度是一种预防性措施，在充分考察论证了建设项目环境影响的基础上提出了环境预防与救济的方案和措施，避免和减轻了对环境质量所带来的不利后果，因此这一制度也是对环境人格权利益的一种法律保护措施。

（二）"三同时"制度

"三同时"制度是指与建设工程相关的预防环境污染与破坏的环境保护设施的设计、施工与投入使用必须与主体工程同时完成。简而言之，"三同时"指的就是同时设计、同时施工、同时投入使用。"三同时"制度是我国环境管理的重要方法和途径，它是环境影响评价制度的延续和发展，环境影响评价制度只是提供了环境保护的可行性论证，而"三同时"制度则是环境预防性政策的具体实施，这一制度在某种程度上可以弥补环境影响与评价制度的不足与缺陷，而环境影响评价制度则是"三同时"制度的前提和基础，二者相辅相成，构成了建设项目环境保护的整体。这一制度是由我国所创设的，体现了环境保护预防为主的理念。我国在1973年的《关于保护和改善环境的若干规定》中规定了"三同时"制度，在1979年的《环境保护法》中从基本法律角度对该项制度进行了确认，在以后的法律制度中，"三同时"制度得到不断的发展和完善，现如今我国已经建立了相对完整的"三同时"制度体系。只要是对环境产生影响的建设项目必须执行这一制度，环境保护行政部门负责其实施和监督管理。在项目的设计中，环境保护实施应当是其设计的一个组成部分，项目投入使用之前环境保护设施也必须竣工并且验收合格。这一制度还要求项目在建设过程中就应当注意对周围环境所造成的影响，采取必要措施防止因为施工而造成的环境污染和破坏，在施工结束后必须修复因施工对环境造成的损害。环境保护设计内容未经过审批，施工单位将无法获取施工资格，环境保护实施未经验收合格的则无法办理营业执照。可见，"三同时"制度是在对环境资源的利用和开发中对环境的保护和预防措施，这种制度的制定和实施，在客观上避免或者减轻了项目建设和开发对环境造成污染的可能，是在充分考量经济发展与环境保护的基础上所做出的制度设计，是对环境资源的生态价值认可，因此从行政法角度为环境人格权的实现提供了制度支持。

（三）环境标准和监测制度

人类的生产生活必然会对生态环境造成一定的污染和破坏，一般来说，国家会在生态环境保护与经济发展之间进行利益衡量，力求将对环境的污染与破坏程度降至最低，将其控制在生态环境可承受的范围之内，这种情况下，并不会产生生态损害或者是环境人格权损害，但是超越了生态环境的承载能力便会对人的环境人格利益造成损害，进而引发民事纠纷。因此应该在可持续发展理论的指导下寻求一个经济发展与生态保护双赢的发展方式，这就需要建立一种生态环境标准和检测制度，运用科学技术手段来对环境污染和破坏行为进行监督和调控。当然这种环境标准与监测制度受到科学技术发展的制约，很难覆盖生态环境的所有方面，并且其设定的标准及监测方法也会受到限制。然而，就目前而言，这种方式是界定环境人格权损害的最为客观的方式，是确定环境人格权损害的前提和基础。

1.环境标准。环境标准事实上就是用科学的方法来界定环境质量及污染物排放的界限标准。环境法律的制定与实施、生态损害的界定都必须以一定的环境标准作为依据，可以说没有环境标准，环境法律的实施及环境责任的承担将丧失有效的前提和基础，环境保护法律机制将无法发挥有效作用。环境标准是国家的强制性规定，是国家进行有效的环境管理的前提。环境标准可以分成不同的类型，在1999年发布的《环境标准管理办法》中将环境标准分为国家、地方，以及环境保护总局标准三类，具体而言，这些标准分别针对环境质量、污染物排放等方面进行设定。从国家层面上讲，还有关于环境监测及国家环境的样品标准和基础标准的规定。国家环境标准设定之后，各省、自治区、直辖市可以在其基础之上设定自己的标准。也就是说，一般而言，地方标准应当是高于国家标准的，或者说比国家标准更为严格，在适用上，也必须优先适用各地方的环境标准。从环境人格权的本质来看，是民事主体对环境质量的一种精神需求，因此在这些环境标准中，国家环境质量标准是确定环境人格权损害的标杆。环境质量是对环境中存在的有害物质及因素的一种限定，将其控制在一定范围之内，进而将环境质量维持在一定水平之上，不致对人体健康与生态环境功能造成影响。依据此项标准可以对生态环境的质量状况做出客观判断，是评判一定时期内某地区环境质量优劣的标准，是在综合考量经济发展与科学技术进步及生态环境保护的基础上确立的。环境质量标准也与环境污染问题紧密相关，早在1912年英国就曾对河水制定了三项标准，随后各国也根据本国的环境问题制定了环境质量标准。从环境要素上来分，目前来说环境质量标准主要是针对大气、水、土壤及生物等进行的界定。在我国水质标准又分为地表水标准、地下水标准，以及海水、渔业水质标准等，空气质量标准又分为室内空气质量与环境空气质量标准。且在综合考虑生态功能与保护目标的基础上对环境质量进行了分级，各省市可以在国家相关质量标准缺失的情况下，自行制定地方标准，但须报国务院进行备案。这样建立了相对完备的环境质量标准，为环境人格权损害的认定提供了前提。

2.环境监测。与环境质量密切相关的制度设计就是环境监测，其目的就是通过经常性的监测活动，对环境质量进行评价，并对环境质量发展态势做出预测，为环境立法与执法提供可靠的数据资料。我国根据行政区划设置四级监测站，分别为国家级、省级、市级及县级，而监测网只设立国家、省及市级三个级别。监测网由相应级别的监测站牵头进行，同时对各大水系、海洋及农业分别设立独立的省级监测网。由于海洋生态环境与陆地生态环境差异较大，因此其监测的技术、设备及方法也存在很大不同，我国海洋环境监测虽然属于省级监测站，但是由于其相对独立，发展也比较成熟，目前已经建立了相对完善的监测系统。[1]总而言之，国家通过环境监测活动，对环境质量进行客观分析，为环境立法提供了依据。各级监测站在其辖区范围内对生态环境损害进行认定和评估，解决因此而发生的诉讼与纠纷。

（四）环境报告及处理制度

环境报告及处理制度是指对于发生或者可能发生重大环境污染事故负有责任的单位，除了采取相应措施进行处理外，还负有向环境保护行政主管部门及相关部门报告接受其调查处理的制度。环境污染事故一般损害后果比较严重、危害较大，因此对事故的反应机制的建立就显得尤为重要。尤其是近些年来，环境污染事故频发，[2]其危害、后果令人震惊。在这些环境污染事故中，一些当事人对于事故的发生隐瞒不报或者故意拖延，致使损害结果进一步扩大，加重了环境污染事故的后果。环境污染与破坏事故报告及处理制度正是基于此种考量所进行的制度设计。环境事故一般可分四个等级：一般事故、较大事故、重大事故与特大事故。这种环境污染事故一旦发生，个人和单位很难单独应对。而行政机关则不同，其可以以国家力量为后盾，集中人力与物力迅速而果断地解决问题，避免或减轻环境污染事故所造成的严重后果。同时在发生环境污染事故之后，及时报告可以使公众了解相应情况，积极采取应对措施，避免或者减轻环境污染事故所造成的人身、财产损害。按照规定，在发生事故后48小时内，相关单位就应当向环境保护行政主管部门报告，待查清事实之后还需上交书面报告及其相关的证明材料。环境保护行政主管部门在接到报告后必须立即赶赴现场，认定事故性质。对于重大或者特大的环境污染事故只有地、市级以上环境保护行政主管部门才有权力进行认定，并且对于属于重大级别的事故，环境保护行政主管部门既要报告给同级人民政府，同时还要向上级环境保护行政主管部门，即省级环境保护行政主管部门报告。特大级别的事故向国家环境保护总局报告。这两种级别事故的报告共有三个：事故发生后48小时之内的速报、事故查清之后的确报和事故处理完毕后的报告。至于环境污染事故报告主体问题，通常认为事故引发单位具有报告义务，我国《环境保护法》则将此项义务赋予了所有单位和个人。引发环境污染事故的单位在事故发生之后除了积极报告之外，还应采取措施避免或者减轻环境污染后果，环境保护行政主管部门及相关部门接到报告后也应当迅速做出反应，现场调查，积极应对，尽最大可能消除或者减轻危害后果。事实上，环境污染事故报告及处理制度，就是根据环境事故的损害程度，确立了参与救济的范围。这种事后的救济制度的措施当然包括对环境本身所造成损害的救济，因此亦可看作对环境人格权的保护制度和措施。

总而言之，环境影响与评价制度、"三同时"制度、环境标准与监测制度，以及环境污染事故报告及处理制度，从行政法角度形成了对环境人格权的周延保护。环境人格权的民事

---

[1] 包括1个国家中心（国家海洋环境监测中心）和3个海区中心、11个中心站、45个海洋站，以及沿海地方的11个省级中心和大约50个地（市）站。

[2] 据英国核能安全局统计，20世纪80年代以后，全世界平均每年发生200多起严重的污染事故。

确权，从根本上来说离不开行政法环境保护制度的设计，它以科学技术的发展为基础，确立了环境人格权保护的技术参数和范畴，为环境人格权制度的最终确立提供了前提和基础。

三、环境人格权损害的行政法救济

（一）环境行政责任的承担

对于环境行政责任的理解，理论上一直存有争论。有学者认为违反法律规定且产生了法律要求的法律后果就应当承担行政责任，[1]也有学者认为环境行政责任仅指行政处罚，[2]更有学者从广义角度理解行政责任，认为既包括行政处罚，也包括行政处分，还包括行政处理。金瑞林教授则认为环境行政责任是一种违法责任，或者可以说是过错责任，是指行政法律关系主体违反环境行政法律法规所应当承担的不利后果。[3]笔者也赞同金瑞林教授的观点，认为环境行政责任的法律承担应当与环境行政主体的违法行为相联系。因为并非任何环境行政违法行为都会产生污染或者破坏环境的法律后果。且从我国行政责任的法律规定来看，不仅包括行政处罚，行政处分、行政赔偿都是其必要的组成部分。同时环境行政责任的违法性要件将其与民事责任相区分，突出了环境行政责任的法定性，是依法行政原则的必然要求。但是笔者以为，环境行政责任只包括环境行政处罚与环境行政赔偿，并不包括环境行政处分。环境行政处分是指环境保护行政主管部门对于其内部人员在环境保护工作中的违法实质性为予以惩戒的一种行为。它是环境保护行政主管部门内部的一种处罚措施，是基于隶属关系而产生的一项人事管理手段，因此笔者认为环境行政责任并不包含此项内容。

1.环境行政处罚。环境行政处罚是由环境保护行政主管部门对违反环境法律法规的单位或者个人所实施的一种具体行政行为。2010年我国《环境行政处罚办法》，对环境行政处罚进行了专项规定，其是环境行政责任的一种，由环境保护行政主管部门实施，有严格的法律程序约束。我国环境行政处罚作为行政处罚的一种特殊形式，规定了警告、罚款、责令重新安装使用、责令停止生产或者使用、责令停业、关闭等处罚形式，这些行政处罚形式根据法律规定可以单独适用也可以合并适用。同时在我国环境保护的单行法中，还规定了行政处罚的特殊形式，由于我国环境单行法是以环境要素为基础而进行的立法，因此针对各环境要素的不同状态设计了不同的行政处罚措施，主要是以修复生态损害为主，如停止开荒、恢复植被、补种树木等。事实上行政处罚措施作为一种行政管理手段，对违反环境法律法规的当事人的处罚更应当关注生态损害的修复，通过法律强制手段将环境成本内化，减少环境行为的负外部性效应。且应当关注处罚的执行问题，比如植被恢复情况、补种树木的数量及成活率等。

2.环境行政赔偿。环境行政赔偿是指因为环境保护行政主管部门违法行使职权而应承担的赔偿行政相对人损害的一种行政责任形式。在传统的观念中，环境保护一直以公法为主要手段，环境行政管理是进行环境保护的最为主要的公法管理模式。环境保护行政

[1] 韩德培. 环境保护法教程[M]. 北京：法律出版社，2007：288.
[2] 马骧聪. 环境保护法基本问题[M]. 北京：中国社会科学出版社，1983：86.
[3] 金瑞林. 环境法学[M]. 北京：北京大学出版社，1999：206.

主管部门的工作对整个国家的环境保护发挥着至关重要的作用。因此环境保护行政主管部门能否正确积极地行使权力是确定环境保护效果的关键因素，是避免或者减轻环境损害的重要手段。正是基于此种原因，环境行政机关违法行使职权给行政相对人造成损失的，应当承担赔偿责任。环境行政赔偿从总体上看是因为环境保护行政主管部门违法行使职权而应承担的责任，但是在行政过程中，行政机关的主观过错及其造成的损害的范围则需要具体确定。环境污染事故责任人固然要对事故负责任，但是由于环境保护行政主管部门怠于行使职权或者行使职权不当所造成的损失应当如何确定？这是在环境行政赔偿中不能回避的问题。在此种情况下其是否能作为公益诉讼的原告？我们认为，环境行政赔偿应当区分具体情况进行过错划分，其怠于行使职权或者行使职权不当所造成的损失应当根据其过错程度进行责任划分。并且在此种情况下，环境保护行政主管部门不宜作为环境公益诉讼的原告提起诉讼。

（二）环境人格权民事纠纷的行政解决

我国《环境保护法》第四十一条第二款规定："赔偿责任和赔偿金额的纠纷，可以根据当事人的请求，由环境保护行政主管部门或者其他依照法律规定行使环境监督管理权的部门处理；当事人对处理决定不服的，可以向人民法院起诉。"在这一规定中的"处理"，笔者以为不仅包括行政调解与行政裁决，也包括了行政确认。

1.环境人格权民事纠纷的行政确认。行政确认是指行政机关对行政法律关系当事人的权利义务进行确定、认可及证明的具体行政行为。行政确认是行政管理活动的前提，为行政管理甚至是诉讼活动提供客观基础。行政机关通过对事实和法律的确认行为，使得相对人的权利处于相对稳定的状态，明晰权利界限，可以起到定纷止争的作用。我国环境民事纠纷的解决过程中，行政确认是非常重要的环节。环境人格权民事纠纷行政确认的主要工作在于确定责任，或者可以说是对环境人格侵权因果关系进行的行政鉴定。在环境侵权类案件的司法实践中比较棘手的就是对因果关系的认定，由于受到技术和资金的限制，社会中介机构难以承担此种鉴定责任，最终导致受害人的权利难以获得有效的救济。而我国环境保护行政主管部门无论从技术、能力和人员配备上都具有无可比拟的优势，由环境保护行政主管部门承担环境污染与破坏行为同损害事实之间因果关系的论证，是形势需要，也是众望所归。这种鉴定类似于机动车交通事故中交警部门所出具的交通事故责任认定书，是环境保护行政主管部门的一种具体行政行为，其所出具的鉴定结论可以作为法院判决的依据。我国目前事实上并无法律的明确规定，在行政法中，法无明文规定即为禁止。因此我们仅仅依靠对《环境保护法》第四十二条第二款的法律解释来设置这样的鉴定机构，则有名不正言不顺之嫌。因此我国应当明确规定在环保部门内设立鉴定机构，并对鉴定的程序、组成人员、级别进行明确的法律规定，使得环境人格权侵权因果关系的行政确定可以获得一定的公定力、确定力和约束力。

2.环境人格权民事纠纷的行政调解。环境人格权民事纠纷的行政调解是指行政机关针对环境人格权民事纠纷在双方当事人自愿的基础上居中协调以促进纠纷解决的非诉讼活动。行政调解行为从本质上来讲亦是一种行政行为，这种行政行为不具有强制性。[1]行政

---

[1] 崔卓兰.试论非强制行政行为[J].吉林大学社会科学学报，1998（5）：29.

调解是行政机关的一种职权行为，在一般民事纠纷中也经常运用。这种行政调解与一般调解的不同之处就在于调解主体上的区别。但是其与其他行政行为的不同之处在于不具有强制执行效力，也不具有终局性。环境人格权纠纷的行政调解机制是在环境保护行政主管部门主持下进行的，体现了政府的服务职能，且环境保护行政主管部门具有专业的环境科学技术知识，因此其调解具有更强的说服力，同时也可以节约司法资源。目前该项制度得到了我国环境法律制度的确认，但是由于主要是在环境单行法中规定，因此我国环境侵权民事纠纷的行政调解在程序方面仍然存在许多问题，调解基础上所形成的协议的效力也并没有明确规定。因此，需要我国在《环境保护法》中进行统一规定，然后再由各单行法进行具体细化。

3.环境人格权民事纠纷的行政裁决。行政裁决并非行政法中一个明确的法律概念，目前尚无明确的法律界定，因此学理界也众说纷纭。而对行政裁决的规定一般散见于各行政法的个别法条之中，且各法条的规定也并不统一，然而行政裁决制度仍有一些共性的特质可供参考。行政裁决是一项行政管理工作，必须由行政主体居中裁决，且行政裁决不需要当事人的申请即可启动，虽然看似具有司法性特征，但是从本质上来讲仍然是一种行政性活动。因此笔者认为，所谓行政裁决就是行政主体对与行政管理活动有关的民事争议做出行政处理的具体行政行为。目前我国环境侵权纠纷日益增多，行政调解存在制度缺陷，加上民事诉讼成本过高，因此行政裁决就具有了存在的必要意义。除《环境保护法》之外，我国有部分省市制定了具体的环境侵权民事纠纷的行政裁决制度。这些地方规章与《环境保护法》相比，对行政裁决制度从程序方面做了较为具体的规定，为本地方行政主体处理环境民事侵权纠纷提供了明确的法律依据。我国环境问题日渐突出，环境人格权往往不涉及较大的经济利益，仅仅是环境的舒适性遭到破坏进而影响到个人利益，因此通过行政裁决的方式予以解决往往更便捷，更符合效率原则。正因如此，我国应当明确制定行政裁决制度，提升行政裁决的立法位阶，为环境人格权民事纠纷的行政裁决提供明确具体的法律规定。

综上可以看出，环境人格权民事纠纷的行政解决机制，是解决环境人格权民事纠纷的有效途径，我国法律目前并没有统一而明确的规定，行政主体的行政效果也受到严重影响。我国应当在环境法中确立环境侵权民事纠纷的行政确认、行政调解、行政裁决机制，协调各相关法律之间的关系，为环境人格权民事纠纷的行政解决提供法律依据。

第四章　环境人格权的民法保护

环境人格权作为环境权的子权利，可以追溯至宪法中有关环境权或者人格权的规定，它是宪法所确立的人的形象的私法再现，是人之所以为人的那些基本要素的私法确认与保护。事实上，在生态文明社会建设的背景下，私法也从现有体制出发，对人的环境人格利益进行着不同程度的保护，生命权、身体权、健康权制度，环境相邻权制度，环境地役权制度都是在原有制度基础上的延伸，在一定程度上也起到了保护环境人格利益的作用。但是若想对环境人格利益提供周延的法律保护，就必须从正面进行确权。环境人格权是一项私权，进一步讲，其是一种人格权，因此应当将其纳入人格权法的保护范围之内，由人格权法从正面进行规定。

一、宪法环境人格权的私法效力

（一）宪法中人的形象的私法再现

各国的宪法，无不将宪法秩序建立在对人的形象充分尊重的基础之上。在德国，立法者在总结第二次世界大战的深刻教训的基础上，将人的尊严及自由发展人格的权利置于德国基本法的顶端，充分弘扬了以人为本的人文主义的价值理念。而联邦宪法法院则由此进行了推导，认为德国基本法将人作为法律的最高价值，并得到德国基本法的绝对保护。也正因为如此，人的尊严成为整个法律的目标性原则，也是德国最高的目的所在。德国基本法对人的尊严的规定是对人的固有价值的肯定，人的尊严并不是占主导地位的道德及伦理观念的赋予，而是源于人的自然属性，因此它要求对人的那种天然的自我予以肯定，然而德国基本法并没有对人的尊严进行具体的界定，因此我们只能以一种消极方式进行解读，也就是当人被当作手段对待时，其作为人的尊严就受到了侵犯。由此可以看出，德国整个宪法秩序中，人的形象是作为其建立的基本前提而存在的。

基于大陆法系各国宪法的至高无上的地位及其与其他部门法之间的关系，我们有理由认为，私法同样以对人的尊严的充分尊重为基本前提，私法领域中对私法自治原则的肯定是宪法权利在私法中的具体体现。在宪法中处于核心保护地位的人的尊严，毫无疑问在私法中也应当处于核心地位。无论是具有主观防御功能的宪法，还是像我国一样作为客观秩序的宪法，宪法中人格权的功能都是防御国家对人的尊严的毁损和侵犯。私法中对人格权的规定是在维护人的尊严的基础上，对人格自由发展的肯定，其主要功能在于防范私人主体的干涉和侵犯，是宪法中人的形象在私法领域的延伸和扩展，是宪法中抽象的人的形象在私法中的丰满再现。

（二）宪法环境人格权的直接第三人效力

宪法人格权的规定，主要是为了防御公权力的侵害。私法主体之间能否直接适用则涉及宪法的第三人效力问题。众所周知，宪法所规范的客观价值秩序，所有法律都必须遵从，私法也不例外，其基本规定与解释都必须与宪法相一致，不能与宪法相抵触。然而，这并不是说宪法规范可以直接适用于私人之间。即使在德国，宪法学界普遍认为宪法权利具有主观公权利的功效，然而这并不必然推导出其同样具有主观私权的作用。那么宪法权利如何作用于私法呢？理论学界一直争论不休，有人认为以私法的一般条款作为宪法权利与私法权利的对接，实现宪法权利的私法转化，另一种观点则认为宪法可以绝对地影响私法，并不需要特殊的解释或者对接。宪法权利的直接第三人效力学说是指宪法权利是市民社会的秩序原则，而直接效力则是指宪法权利可以直接适用于私人之间。因为政治国家的公民的宪法权利有受到国家干涉和侵害的危险，而在市民社会中，拥有社会强势地位的人与国家一样具有侵害个体权利的可能性。因此在私人之间，社会强势地位者应同国家一样承担着保护公民宪法权利实现的义务。事实上，这种解释理由与社会国家原则相一致，每个人的自由都应受到来自社会的限制，其行使以其他主体的宪法保护利益为界限，因此宪法权利对公民具有直接的约束力，即直接的第三人效力。然而宪法权利的直接第三人效力学说在实践中也困难重重，宪法权利的创设是为了约束国家权力的滥用，因为国家的强势地位更容易干涉和侵犯公民的权利，宪法权利是对公民权利的一种保障，是对公民与国家地位的一种平衡和补救。而这种平衡其实并不适用于私法交往之中。因为私法主体之间以平等为表象，事实上的不平等私法会提供特殊的保护规则。同时就国家与公民二者的关系而言，国家是义务主体，公民则是权利主体，此种权利义务错位设计的方式并不适用于私法。因为在私法中，各主体均是权利人，也都是义务人。如果宪法权利具有直接的第三人效力，那么也就是说，在私法中的各私法主体都享有宪法权利，二者之间必然存在冲突，因而宪法权利在私法交往适用中就不得不进行修正，这必然动摇宪法的地位和权威性。

（三）宪法环境人格权的间接第三人效力

正因为直接第三人效力学说具有上述的不足之处，因此德国理论界排斥它而赞同宪法权利的间接第三人效力学说。该学说认为宪法权利确实主要是为防御国家的干涉和侵犯而设，但这不是宪法权利的唯一功能，宪法作为一种客观法，通过宪法权利预设了一种客观的价值秩序，在这些价值秩序中，有一些法益具有普遍适用性，其他所有部门法都要受其约束。德国联邦宪法法院在"吕特案"中采纳了该学说，认为宪法权利实际上就是一种价值秩序体系，这种价值秩序体系具有普遍约束力，适用于整个法律体系。就私法而言，这些价值是通过对私法规范进行解释和适用而发生作用的。但是在具体的案件中，宪法权利如何对私法发生作用和影响，这是颇具争议的一个问题。诚然，宪法权利以防御国家侵犯为目的，但是某些重要的宪法权利在私法中也具有对抗其他人的作用。当然，宪法权利的首要目的是防范公权力对个人自由的侵犯，这从宪法权利的发展历程及思想理念中都可以得到印证。但是宪法权利中的某些重要法益，如人格权的规定具有强化的效力而对所有法律均适用，私法也不例外。也就是说私法中的规定不能与其相抵触，在个案适用中必须按照其精神进行解释。因此从这可以看出，宪法权利对私法的作用方式就是私法规范的直接适用，表面上看来无论是从实体上还是从程序上来讲，私人之间的争端适用的都是私法规范，似乎与宪法权利毫无关系，但是私法规范的制定、适用，以及解释都必须与宪法保持一致。从这个意义上说，宪法规范隐含着强行法的意味，或者可以说宪法权利所确定的客观价值秩序就是公共秩序，因此对私人间的法律关系具有事实上的约束力进而限制了私人的意思自治。此即学理上所说的宪法权利对私法的"辐射效力"。事实上民事法官在适用民事法律规范行使司法权过程中，也应当考虑宪法规范对民法规范的作用方式，如果并未做此等考量，那么此项判决不仅违背了宪法所确立的客观价值秩序，而且是对宪法权利的一种侵犯。

宪法权利对私法的"辐射效力"清晰地表明了宪法权利与私法之间的关系。宪法权利是国家权力的指针和动力，同时也在约束国家调整私法的行为和活动。也就是说宪法权利不仅受到国家权力的尊重，也受到国家权力的保护。宪法权利的国家保护面相适用于私法活动中，因为国家有义务保护公民的宪法权利免受其他公民的侵犯。就现今的民主法治国家而言，首先是要求立法者承担该项保护义务，为宪法权利的实现制定、修改和解释法律。司法机关在适用法律过程中延续了立法机关的保护义务，因为在适用法律过程中司法机关对具有不确定性的一般条款或者法律概念的解释也要受到宪法权利的约束。该理论表明国家公权力作为宪法权利的义务主体在制定、适用私法规则的过程中受到宪法权利的约束，但是这并不意味着宪法权利在私法主体之间具有直接适用的法律效力，也就是说私人主体之间不能直接主张宪法权利。此时国家的保护义务要求其通过一定的转换行为，使得宪法权利与私法规则进行对接。而立法机关与司法机关的活动恰恰是国家将宪法权利转换为具体的私法规则并予以运用的典型体现。

无论是宪法权利的直接第三人效力理论还是间接第三人效力理论，其成立的基本前提都是在承认宪法权利第三人效力的前提下进行的，争论的核心问题仅仅是宪法权利第三人的效力方式，即宪法权利是如何实现第三人效力的。该争论对于环境人格权在私法中的具体确立具有举足轻重的影响。如果说宪法的直接第三人效力理论成立并被采纳的话，那么即使我国宪法还没有确立环境权，但是宪法中对人格权的规定也可以直接适用于私法中，也就是说私法主体同样要受到宪法权利的约束。由此同样可以推导出环境人格权在私法中的适用问题，而这恰恰是宪法权利的间接第三人效力理论所不能容忍的。宪法权利在私法交往中效力的发挥是十分微妙的。在宪法权利的私法转换过程中，必须考虑私法本身的独特性。而宪法权利的保护义务要求国家权力应该积极行动，协调宪法权利与私法特性的冲突，同时也使得私法与宪法权利所确定的价值秩序和精神保持一致。宪法环境人格权的确立正是从这个意义上说才具有在私法中确立的重要意义，国家对宪法权利的尊重与保护就要求国家负有将此种权利由宪法权利转换成私法权利的义务。宪法环境权与人格权，从客观价值秩序的角度来讲确立了一种适宜环境与人格自由发展的价值目标，为环境权与人格权在部门法中的具体转换提供了前提和可能，尤其是为环境人格权的私法确立提供了理论基础。

二、现有私法权利制度对环境人格权的保护

（一）生命权、健康权、身体权对环境人格权的扩张保护

在环境权理论中，日本学者倾向于将环境权认定为人格权或者是人格权的一种，其理由在于，公民享有的环境权益中包括了人身权益，且一般来讲，对环境权侵犯的后果大都表现为对公民身体权、健康权和生命权的侵犯，所以从这一角度来讲，环境权就是人格权。在仁藤一、池尾龙良两位律师看来，支配环境的权能应属于居民共同拥有，谁都可以自由且平等地加以利用，环境权是以《日本宪法》第25条中生存权的规定为依据的基本人权之一，应把它作为人格权的一种而加以把握。因而在日本的司法实践中，就是把侵犯环境权的行为当作侵犯人格权的行为来对待的。如在1970年的大阪国际机场公害案中，大阪国际机场周围的居民以环境权和人格权为基础，针对飞机噪音、震动等对身体与精神方面造成的损害提起了诉讼并得到了法院支持。日本学者将环境权视为人格权或者人格权的一种理论，虽然并未从理论上说明其与身体权、健康权、生命权的关系，但从司法实践的操作层面上来看，其在理论上是将环境权作为一种新型人格权或者生命权、身体权、健康权来对待的。实际上，在环境权的法律确认之前，对公民环境权益的侵犯，的确可以通过生命权、健康权、身体权进行保护，因为就后果而言，环境侵权最严重的后果就是对这三种权利的侵犯，即使在法律上确立了环境权在此种情形下亦会产生法律请求权上的竞合。因此，在尚没有确立环境人格权的条件下，利用这三种人格权来实现对环境人格权的保护，无论是在理论上还是在司法操作上都是具有相当的可行性的。

（二）环境保护相邻权

民法上的相邻关系是指相互毗邻的不动产权利人在不动产权利的行使过程中发生的权利义务关系。而相邻权则是指相邻关系中的权利内容而言，从其本质而言就是关于所有权的行使问题，在相邻权人之间通过限制或者是扩大不动产权利进而达到二者之间的利益协调。相邻权制度古来有之，最早可以追溯到罗马法时期。相邻权设置的最初目的是为了取得不动产经济效益的最大化，但这并不是唯一目的，相邻权中尚含有一定的人格利益因素，也就是说相邻权同样关注对人的精神利益的保护。最典型的表现就是在相邻房屋使用关系中，其首要考虑的目标不是怎样实现房屋经济利益的最大化，而是让居住者享受安宁的生活，也就是说满足居住者深层次的精神生活。正是基于此，现代相邻权的发展也呈现出环境保护的趋势，不可量物侵害制度与法定妨扰制度都是其具有环境保护职能的典型表现，学者称之为环境保护相邻权。其实所谓的环境保护相邻权是指"就环境污染和破坏而言，权利人因行使企业的营业权，利用自己或他人的土地经营或从事开发建设活动而产生废水、废气、废渣、粉尘、辐射、噪音、热量、震动、地面下陷等侵害，危害邻人身体健康和财产的，如果超过社会容许限度，则构成权利滥用、环境侵权"[1]。环境保护相邻权相对于传统意义的相邻权而言有很大不同：

1.环境保护相邻权的内涵。从相邻权的产生可以看出，不动产的相邻关系是此项权利

---

[1] 王明远.相邻关系制度的调整与环境侵权的救济[J].法学研究，1999（3）：99-108.

产生的前提和基础。而环境保护相邻权却对此并无严格的要求，这种相邻主要是从环境保护的角度考虑到"环境的生物性、地理上的整体性、生态的连锁性和环境影响的广泛性而发生的更大范围的相邻"[1]。也就是说，环境保护相邻权并不把不动产物理上的相邻作为权利产生的依据，或者说已经超越了此种限制，一旦使用不动产的行为影响到他人的不动产，甚至是影响到其空间，都会产生环境保护相邻权。

2.环境保护相邻权的内容。从相邻权的内在含义来讲，就是要对相邻权利人的权利或者提供便利，或者进行限制。环境保护相邻权则对相邻权利人附加更为严格的义务。首先就是对应有的注意义务的强调。这一义务是指相邻关系的主体有义务防止环境污染对其他相邻权人造成危害，以及在污染发生时采取必要措施。这一义务原本是国家责任原则的基本组成部分，日本将其运用到环境案件的司法实践中，在污染者主观状态无法确定的情形下，将这一理论作为适用过错推定原则的依据。但是日本在随后的发展中，环境侵权领域逐渐确立了无过错责任原则，应有的注意义务也随之成为责任成立的前提和依据。从环境保护的角度来讲，客观上确实能够起到预防、控制及治理环境污染的作用。并且环境立法中也将应有的注意义务进行了具体化设计，环境影响评价义务就是这种制度设计的典型代表。与此相对应的就是对相邻权主体权利的限制。在环境保护相邻关系中，一方超出应有的注意义务行使权利是法律所不允许的，也就是我们所说的对权利滥用的禁止。这一原则最先为《德国民法典》所确认，随后各国都在各自的民法典中承认了这一原则。禁止权利滥用原则在认定标准方面有两种，即主观标准和客观标准。主观标准事实上就是以行为人行使权利时的主观状态是否具有损害他人的意图作为是否滥用权利的标准，对此种行使权利给予法律上的否定性评价，因而予以禁止。《德国民法典》就采用此种标准，其226条规定："权利的行使不得以损害于他人为目的"。客观标准则是指权利行使具有明显滥用痕迹或者说与社会经济目的相违背时即可构成权利滥用。《瑞士民法典》就规定："明显的权利滥用，不受法律保护。"由于行为人行使权利时的主观状态很难被外人知晓，亦需要通过外在的客观证据表明当时的意图，因此主观标准逐渐没落，客观标准学说成为通说。《德国民法典》亦改变了初衷，实现了权利滥用认定标准客观化的转变。但是我们必须明确的是，我们在一般意义上所说的滥用权利都是指狭义的滥用权利而言，即这种滥用权利以引起一定的法律责任为必要条件。而环境保护相邻权中的权利滥用则应是从广义上来理解和把握的，相邻权主体没有尽到应有的注意义务而使得对方的环境权益受到侵害，即可认定为滥用权利。

从权利义务相一致的角度来看，环境保护相邻权与传统的相邻权相比，权利主体承担了更为严苛的法律义务，也就是意味着权利主体的权利范围也在扩大，具体而言，环境保护相邻权主体同一般环境侵权的权利主体一样享有损害赔偿请求权、停止请求权，以及环境保护请求权。[2]一般来说，权利滥用就是违背应有的注意义务的违法行为，这种行为如果产生污染环境的严重后果，那么毫无疑问，相对方就可以提出环境污染损害赔偿。关于环境污染损害赔偿问题，这里不多详述，但是我们需要搞清楚环境保护相邻关系中侵权责任的构成标准问题。日本学界以"忍受限度"理论来解决这一问题，该

[1] 吕忠梅. 沟通与协调之途：论公民环境权的民法保护[M]. 北京：中国人民大学出版社，2005：176.
[2] 同上书：180.

理论认为，只要环境侵害超过了社会观念中所承认的忍受的限度，污染者就要承担损害赔偿责任。虽然说环境侵权适用无过错原则已经基本没有异议，但是对环境侵权人行为的违法性的判断标准却一直存有争议。在很长一段时期内，各国都为污染物的排放设定了一定的排放标准，只要达到此项标准，污染者的行为就排除了违法性的要件。然而，因为个体的差异，该标准并不能反映污染的实际情况，污染者遵守排放标准依然避免不了对环境的污染和破坏，进而侵犯环境保护相邻权主体的环境权益。此种情形下依照传统理论是不需要承担责任的，然而此种行为又的确与环境保护的宗旨和观念不相匹配。此时运用"忍受限度"理论便可迎刃而解。这种看似合法的行为因为后果的不法性而成为不法行为，据此污染者应当承担损害赔偿责任。但是同时，我们似乎又陷入另一个难题中，"忍受限度"同样是一个比较抽象的理论，并没有一个具体的可操作的标准。在运用此理论时需要综合考虑环境效益、经济效益及社会效益，根据案件的客观具体情况来判定。在具体的环境相邻侵权案件中需要考量的因素一般包括侵权人与被侵权人双方的实际情况、地理位置、预防与控制及减轻损害的措施等，同时忍受限度指的是常人标准。在这一过程中，必须注重环境保护与经济效益的统一。当然忍受限度是具有地域性的，环境标准与各地的习惯和道德标准亦是参考因素。在此基础上，环境保护相邻权主体还可以提出停止请求权，请求加害主体停止污染加害行为。环境保护自卫权则是一种私力救济方式，从环境保护相邻权的角度来讲，是指相邻一方的环境污染行为如果超出了相对方的忍受限度，采取公力救济方式不能获得有效救济甚或是根本来不及请求公力救济的情况下而采取的适当行为来迫使环境污染者停止其不法行为。

3.环境保护相邻利益的生态性。就传统的相邻关系而言，其所要保护和规范的是不动产的所用利益和适用利益，其是一种基于物权而衍生的利益。环境保护相邻权所关注的是相邻关系各方之间的环境利益，即对采光、通风、宁静等权益的享有。从本质上来讲，其实也是对相邻各方经济利益的一种充分享有，是人类生存环境的一个缩影。对环境相邻保护利益的享有，是相邻主体满足自身精神生活更高层次的一种需求，从这个角度来讲，环境保护相邻权既有财产性因素，也具有人格性因素，其利益形式具有多元性特征。

4.环境相邻权制度对环境人格利益的保护。相邻权的现代扩展，使其具有了保护环境权益的功能，而这种环境权益主要是指通风、采光、宁静等内容，事实上这些也是环境人格权的内容。相邻权是为了不动产使用的便利而设定的权利制度，此项权利制度的设定实现了不动产经济利益的最大化，这充分体现出相邻权制度财产利益的一面。但是，就不动产权利人居住环境的便宜性而言，则主要是指对人格利益的保护，如不动产权利人的采光权、通风权及宁静权等相邻权，都是对其人格利益的尊重和保护。在现代社会中，人们对舒适生活的要求，已经不仅仅局限于居住环境物质方面，还表现为对精神方面的追求，"能否保持人的尊严的生活问题"[1]成为现代生活质量高低的重要衡量标准。"生活中之个人均有享受大自然所赋予的'清净'之权利，一切污染，过度的噪音因而也都是对此权利的侵害"[2]。由此可以看出，相邻权的确是兼具财产利益与人格利益的复

---

[1] 加藤一郎，王家福.民法和环境法的诸问题[M].北京：中国人民大学出版社，1995：134.
[2] 同上.

合型权利，其所含有的人格利益，主要是指环境人格利益。因此，环境保护相邻权的确可以在某种程度上保护环境人格利益。良好而适宜的环境中生存的环境人格利益，首先就应当是一种良好适宜的生活环境，而这种生活环境确实需要依靠相邻各方的约束与限制才能实现。作为利益相关者，相邻各方确实享有一种环境保护利益，以维持生活环境的宜居性，满足权利主体的精神方面的需求。毫无疑问，现代环境问题的发展，使相邻权制度具有了环境保护的功能，相邻权的内容也随之进行了扩张，将一定范围内的环境人格利益纳入其保护的羽翼之下。

（三）环境地役权

1.环境地役权的基本内涵。地役权作为一项传统的民法理论可以追溯至罗马法时期，与人役权制度一样是役权制度的重要组成部分。地役权主要是指为了特定土地的利益而利用他人土地的权利，人役权指为了特定人的利益而利用他人之物的权利。[1]地役权在性质上属于用益物权的范围，但是它具有与用益物权不同的独特之处，具有从属性、不可分性及内容的不确定性等特征。环境保护地役权则是在传统地役权制度基础上的延伸和拓展，是生态危机时代地役权功能性的扩张。一般认为环境保护地役权是指基于生态环境保护的需要，政府或环保组织通过约定方式对他人土地进行利用的权利。为了保护环境，可以对他人所有之土地的用途设定某些限制，尤其是基于保护区域内生态、景观或者历史人文环境的考虑，要求他人在其土地上放弃任何建设行为，由此设定的役权被称为"保护性役权"或者"环境役权"。[2]环境保护地役权与传统地役权制度有很大不同，从其定义当中我们不难看出，环境保护地役权具有保护生态环境的公益性特征，生态价值是环境地役权保护的首要目标，其根本目的在于实现土地的可持续发展与利用，按照环境因素的不同，环境保护地役权被分为不同的类型，如土地保护地役权、清洁空气地役权、清洁用水地役权、采矿地役权、采光地役权，等等。环境保护地役权作为一种用益物权，诚然是对物的一种利用和保护，但更为重要的是它在此基础上也保护了人的环境权益，因此从这个意义上来讲，环境保护地役权具有物权与环境权的双重属性，是物权生态化的典型表现。环境保护地役权同样以土地为基础，但是与传统地役权的不同之处在于，环境保护地役权并不要求需役地与供役地在物理空间上相邻，由于环境因素具有整体性与广泛性等特点，因此环境保护地役权就不仅仅限于土地的具体位置的相邻，而是包含了两个区域甚至是两个国家的相邻。并且在环境保护地役权中，需役地往往是非特定的，或者说是抽象的，而供役地却恰恰相反，既明确又具体。从供役地的角度来讲，环境保护地役权是一种环境负担。因为对于供役地一方来讲，其义务必须是明确的。

2.环境保护地役权与环境保护相邻权的区别。环境保护地役权制度与环境保护相邻权制度都具有相同的功能，但是二者存在本质上的不同，环境保护地役权作为用益物权，是一项独立的物权类型。而相邻权制度从本质上来讲属于所有权的限制和扩张，不是一种独立的物权种类。因此决定了环境保护地役权制度具有独立的请求权基础，而环境保护相邻权则不具备。并且环境保护相邻权是基于法律的规定而产生的，

[1] 刘佳星.地役权制度若干问题研究[D].长春：吉林大学，2005：2.

[2] 石佳友.物权法中环境保护之考量[J].法学，2008（3）：89.

是一种法定权利，是为了保障不动产所有人或使用人的利益而设，通常情况下都是无偿的。而环境保护地役权制度则是一种约定权利，其取得往往需要支付合理的费用，更多地体现了私法的意思自治精神，只有协商一致才是环境保护地役权产生的前提和基础。从目的上来讲，环境保护相邻权制度虽然也具有保护环境的客观功效，但从实际情况来看，其设定的主要目的仍然是为不动产使用的便利而设，而环境保护地役权制度就是为了保护生态环境，是权利人追求更高层次生活的一种法律体现和保障，"环境保护相邻权与环境保护地役权之间是吃得饱与吃得好的关系"[1]。更为重要的是，环境保护相邻权制度虽然对传统的相邻权制度进行了发展和超越，对于不动产之间的相邻关系不若先前那么严格，但是无论其怎样发展，不动产的相邻关系进行如何的扩张解释，相邻仍然是此种权利存在的前提和基础，限制了此项权利的适用范围。而环境保护地役权制度并没有此等要求，即使相距甚远，不动产权利人仍然可以通过设立环境保护地役权制度来维护自身的合法权益。

3.环境保护地役权对环境人格利益的保护。环境保护地役权就是为了保护环境而设，生态危机的出现使人们认识到了环境资源的生态价值与其经济价值一样，是人类生存与延续的基础，环境资源的生态价值得到了最大程度彰显。也正因此，以保障环境资源经济价值为首要和根本目标的物权法律制度，才不得不进行了生态化转向。从根本上来说，环境保护地役权是在追求环境资源经济价值与生态价值统一的基础上所进行的制度设计。众所周知，环境问题的产生源于环境资源的公共物品属性及环境行为的外部性理论。在市场经济条件下，环境问题的产生其实就是源于市场主体对经济利益的最大化追求，因此，解决环境问题最有效的方式仍然是利益驱动机制。而环境保护地役权是一种依约定而产生的权利，此种权利的取得是有偿的，这就使得环境的负外部性问题获得了内部性解决，保护了环境资源的生态价值，环境资源生态系统的良性循环，必然会满足人们对良好适宜的生活环境的精神需求。从环境保护地役权设立的类型来看，有环境资源保护地役权、环境享用地役权，以及环境开发利用地役权几种类型。[2]环境享用地役权设立的主要目的就是对生活与生存的适宜环境的一种追求。比如眺望地役权、采光地役权及清洁用水地役权等地役权类型的设立，无不是为了满足权利主体对生态环境的精神需求，而这种精神需求正是环境人格利益的核心内容。并且环境保护地役权制度在很多国家得到了实践，美国的《统一保护地役权法案》将保护地役权视为一种非占有性权益，它限制或者要求保留或者保护不动产的自然的、景色优美或者开放空间的价值。[3]《法国民法典》第650条规定："为公共的或地方的便宜而设立的役权，得以沿通航河川的通道，公共或地方道路的建筑或修缮，以及公共或地方其他工事的建筑或修缮为客体。一切有关此种地役权的事项，由特别法令规定之。"由此可见，以保护环境为目的的环境保护地役权制度，同样在客观上实现了对环境人格利益的保护。

[1] 申卫星.地役权制度的立法价值与模式选择[J].现代法学，2004，26（5）：18.
[2] 吴一博.环境保护地役权：环境资源的经济价值与生态价值之平衡[J].内蒙古农业大学学报（社会科学版），2010（6）：31.
[3] 克里贝特，等.财产法：案例与材料[M].齐东祥，陈刚，译.北京：中国政法大学出版社，2003：482.

三、环境人格权的确权保护

从前文的论述中我们可以看出，身体权、健康权、生命权，以及环境保护相邻权与环境保护地役权制度的确可以在一定程度上实现对环境人格利益的保护，解决一定范围内的环境人格利益的冲突和矛盾。因此有人认为必须要设立专门的环境人格权这一权利类型，利用现行的制度就可以很好地保护环境人格利益。利用现行的私法制度，通过法律解释的方法进行推导或者扩张，的确可以在一定程度上客观地实现对环境人格利益的保护，然而这种保护是不周延的，身体权、健康权、生命权对环境人格利益的保护，实际上并未超越自身的目的范围。因为这是从侵犯环境人格权的后果上对其进行的界定和保护，此种情况下事实上属于一种法律上的竞合，在环境人格权确立的情况下，受害人可以择一请求法律保护，在环境人格权尚未确立的情形下，只能以侵犯身体权、健康权、生命权为由请求保护，但是并未体现对受害人享有良好适宜环境利益损害的法律保护。或者可以说，对人的身体权、健康权、生命权的侵害已经是侵犯环境人格权最为严重的后果，但对此之外的环境人格利益无法提供法律保护。而就环境保护相邻权而言，其对毗邻不动产权利人的环境人格利益的保护的确是必不可少的，然而此种权利的享有须以不动产相互毗邻为要件，纵然从环境保护和生态安全的意义上来讲，现代物权法上的相邻已与过去大有不同，然而，无论如何扩展与延伸，此种制度终归源于古老的相邻权制度，无论如何不能不受相邻二字的束缚与禁囿。因此，超越此种相邻关系之环境人格利益就无法获得法律上的救济。环境保护地役权制度通过约定的方式，的确可以对需役地权利人的环境人格利益进行保护。但是环境保护地役权制度的需役地权利人一般为政府或者是环境组织，其设立的目的具有公益性。当然我们也不排除私人之间以保护环境人格利益而设定环境保护地役权的行为。但是从此种制度的历史发展中我们可以看出，其设立的目的不是为了保护私人之间的环境人格利益，而是为了公共的环境权益。环境人格权从本质上来说就是一种私权，主要是调整私人之间存在的环境人格利益的冲突和矛盾。显然，环境保护地役权制度无法满足此种需求。

因此，利用现有的私法制度无法实现对环境人格利益的周延保护，因此需要在私法中确立环境人格权，以更好地协调私人主体之间环境人格利益的冲突。

（一）环境人格权的基本内涵

1.环境人格利益的内涵。法律上有关人法的规定，一般是被作为法律的人文关怀而存在的。从哲学理论上来讲，充分体现了人存在的价值。人首先是作为一种动物而存在的，这就从本质上决定了人不可能彻底摆脱其自然属性而成为完全社会化的人。但是，人在某种程度上又与其他动物有所不同，他除了追求物质上的满足，对精神世界还有强烈的需求，因而这种精神世界具有相当的价值而被法律所认可。而这种精神需求同物质需求一样，都依赖于人所生存的自然环境，法律上对人的规定也是建立在对人的认识不断扩展的基础之上的。早在罗马法时期，就有了关于人法的规定，尽管与现代的人格权制度存在很大差别，但是也充分体现了法律的人文主义关怀。古代法律中对人的规定，以人的身份作为界定的标准，成为划分人的社会地位的工具。近代法律中，人是一种抽象的存在，完全抹杀了具体的现实中所存在的知识、经济能力等方面的差异。这种抽象忽略了人的事实上存在的不平等，弱者的权利得不到保障，使得现代法律制度及其确立的社会秩序面临巨大的挑战。环境问题亦是法律制度所面临的挑战之一，环境正义观念正是基于环境不平等而产生的。环境作为人生存和发展的必要条件，对于人具有不可替代的重要作用，因此作为一种环境人格利益理应受到法律的保护。

人格的内涵理解是界定环境人格的关键所在，从语义分析的角度而言，环境乃为修饰人格的词语，人格为核心。传统的法律中对人格的界定是建立在人类中心主义的基础上的，环境哲学与伦理观视角下的人格界定对人的主体性的认识则更为全面。一般而言，人格具有三个方面的含义，一种是从人的特征上进行理解，主要指人的性格、气质，或者是能力，另一种是指人的品性，第三种是指作为法律主体的资格。前两种含义事实上指的是人的主体性特征，第三种含义是指生物意义上的人成为法律主体的资格或者说是条件。因此我们可以看出，虽然对人格的理解不同，但都是对人的主体性的一种表述。人的主体性在哲学上以两种关系进行界定，一是人与自然之间的关系，反映的是人的自然属性，一种是人与人之间的关系，反映的是人的社会属性。我们从人格的含义中发现，以往对人格含义的界定所表征的是人的社会关系，无论是人的性格、气质还是能力，抑或是社会品性，都是对人的社会属性的一种论述，没有包含对人的自然属性的表述。当然，我们认为任何一项法律制度，抑或是法律权利的创设都体现了鲜明的时代性特点，人格作为表征人的社会关系主体性表述，在当时并无不可，但是当环境问题成为一个时代新的社会问题的情况下，我们就不能忽略人的自然属性的法律表述，人格的内涵也就毫无疑问地需要进行拓展。人的自然属性是人的社会属性的基础，二者之间相互影响相互渗透，因此对人必须从两个方面进行认识，人格也应从两个方面进行界定。这样法律上人的形象才是有层次的、丰满的。环境人格正是对人的自然属性与社会属性的形象概括。在人与自然的关系中，二者的地位是平等的，不存在所谓自然界的主宰。这种平等不仅是指人要尊重自然，更重要的是一种二者之间和谐相处的关系。也就是说人必须生活于适宜良好的环境中，因而产生了环境人格权。当然，人的这种自然属性是通过人的社会属性展现的，它意味着权利主体以外的其他人具有维持良好适宜环境的义务。通过这种方式，人的自然属性以社会属性的方式展现，进而可以成为法律调整的社会关系。这种社会关系是指一种平等关系，任何人都享有在适宜良好的环境中生活的权利。这种生活环境受到法律保护，人人负有维持此等生活环境的义务。

环境人格正是在此基础上对人的主体性的一种现代表述，它从两个方面对人进行了界定，即人的自然属性与社会属性。在人与自然的关系问题上，它强调适宜良好的生活环境是人之所以为人的基础，是人作为一种生物性存在所必须具备的，体现了主体的尊严。在人与人的社会关系中，它主要是指一种损害禁止的权利，即适宜良好的生活环境免遭他人破坏的权利。那么所谓的环境人格正是指人作为主体存在而维持其生存和发展所必不可少的环境要素，包括清洁的水、空气，等等。

既然界定了环境人格，那么环境人格利益就是主体对其环境人格所享有的利益。也就是人在适宜良好的环境中生活的利益，这种利益是法律保护的客体。毫无疑问，环境利益中含有环境人格利益的因素，这种利益虽然不是存在于人本身的，但是它与人的生存直接相关，不可分离，环境人格利益主要是一种精神利益，不具有直接的财产利益因素。

2.环境人格权。人格权是一种法定权利，在法律上人格一般也含有三层含义：主体、主体资格、人格利益。[1]笔者以为，人格确实在一定时期作为表述主体或者主体资格的概念而存在，但是随着社会的发展和变迁，尤其是德国有关权利能力概念的创设，人格的法律含义已经有了很大的转变，不再具有指称主体或者主体资格的功能。因此人格权中的人格所指的就是一种人格利益。纵然人格权理论上仍然存在很多分歧，但这并未影响人格权制度的发展，人格权的基本内容已经得到各国普遍的认可，日本学者五十岚清从狭义的角度理解人格权："即主要将具有人格属性的生命、身体、健康、自由、名誉、隐私等为对象的，为了使其自由发展必须保障其不受任何第三者侵害的多种利益的总称。"[2]我国的杨立新教授认为"人格权是指民事主体专属享有，以人格利益为客体，为维护民事主体独立人格所必备的固有民事权利"[3]。而王利明教授认为"人格权是指以主体依法固有的人格利益为客体的，以维护和实现人格平等、人格尊严、人身自由为目标的权利"[4]。可见我国的主流学说将人格权中的人格视为人格利益。而我国环境人格权的界定也正是以此为模板进行的，"环境人格权可以界定为主体所固有的、以环境人格利益为客体的、维护主体人格完整所必备的权利"[5]。由于人格权理论上仍然存在争论，尤其是人格权客体问题仍然难以在现有法学理论范围内解决，因此将人格权客体界定为人格利益不过是一种权宜之计。相比较而言，笔者更倾向于将其客体界定为人格，这里的人格既可指具体的人格要素，也可指人格利益。因此环境人格权应当是主体对其环境人格所享有的、维护其生存和尊严所必备的权利。它具有人格权的固有性、专属性等特性，同时也具有自身的特点。第一，环境人格权是一种精神性人格权，其设立的目的是要保护权利主体的精神利益，具体来说就是要保护主体在适宜的环境中生活的利益，这种利益不具有物质性，是对环境的精神需求利益。第二，环境人格权虽然保护的是一种精神利益，但却不能脱离环境资源的物质形式，环境人格所表征的正是人与自然环境的关系中的主体性特征，离开了自然环境就没有所谓的环境人格权，从这个角度来讲，环境人格权与环境资源的物质形态具有密切联系，这种权利的设定正是建立在对自然资源保护的基础之上的。并且从侵犯环境人格权的后果来看，其责任的承担方式往往也采取物质形式。第三，环境人格权具有社会公共性的特征。这主要源于环境资源的公共性特征，环境损害行为所侵害的对象具有不特定性和多数性特征，环境利益本身的公共性特征就决定了环境人格利益也必然如此，因此环境人格权并不是传统意义上的纯粹的私权，具有公共性特征，其保护方法也必然含有强制性色彩。第四，环境人格权十分强调救济的预防性特征。环境侵害不仅后果十分严重，而且具有不可逆性和滞后性等特点。环境人格权制度设立的初衷就在于在损害发生之前或者发生时就可以通过行使权利预防损害后果的发生。当环境人格利益遭受不法侵害或者有遭受不法侵害的危险时，权利人可以环境人格请求权作为基础，请求停止侵害、排除妨碍，尤其是在面对正在进行的不法侵害时更能体现环境人格权的预防性特征。当然我们并不是排除环境人格侵权的事后救济，只是环境人格权预防救济的效果更为明显而已。

[1] 王利明，杨立新，姚辉.人格权法[M].北京：法律出版社，1997：2-3.

[2] 五十岚清.人格权法[M].铃木贤，葛敏，译.北京：北京大学出版社，2009：7.

[3] 杨立新.人格权法[M].北京：法律出版社，2011：64.

[4] 王利明.人格权法研究[M].北京：中国人民大学出版社，2005：14.

[5] 刘长兴.论环境人格权[J].环境资源法论丛，2004：73-87.

（二）环境人格权的私法属性

1.环境人格权的性质追问。环境人格权的性质问题，从其产生之初就一直存在争论，主要有人权说、人格权说、财产权说、社会权说等几种学说。就目前而言，人权说已经取得较为一致的意见。环境人格权的人权属性可以从人的本性中进行探究，人权是具有普适性的道德权利，是人类共同的理想和利益需求。人类的生存与发展同自然界紧密相关，环境污染与破坏严重威胁人类的生存需要，必然会破坏社会秩序导致社会冲突，无法满足人类安全生活的需求。因此重塑人与自然之间的关系，是人类回归自然，与自然和谐相处的归属的需要。因此，在健康适宜的良好环境中生存的权利，是全人类的共同需求。同时在生存环境遭受严重破坏的条件中生存，也严重侵犯了人的尊严。人权以捍卫人的尊严为核心和基础。生态危机严重侵犯了人的尊严，使人的生命健康受到侵害，人的精神世界也被侵蚀。因此，我们将环境人格权作为一种人权，就能有效捍卫生态危机对人的尊严所造成的威胁。人格权亦属于人权的一种，环境人格权作为一种人格权，首先为日本学者所倡导，我国学者也倾向于此种提法。环境人格权是一种精神性人格权，其主要目的在于保护权利主体的精神利益，其权利属性和内涵与人格权相契合，因而属于人格权。美国学者萨克斯则主张环境利益是一种财产权。其将各种环境要素视为全体公民的共有财产，公民将其委托给政府，从而公民与政府之间建立起信托关系，政府作为受托人有责任管好这些财产，1892年美国联邦最高法院对伊利诺伊州中央铁路公司诉伊利诺伊州案的判决确立了这一原则。从看待环境利益的视角来看，不论持财产权说的具体内容有多大差异，其都是从民法物权的角度来对待环境权的，即把环境当作人的外在支配对象，实质上把许多重要的环境要素，如空气、阳光、水等非传统意义上的个人财产当作了财产权的客体，同时忽略或者说扭曲了人与环境的相互关系。而且，从物权视角来理解环境权，把大量的非物权意义上的环境利益给排除在权利的体系之外，不利于对环境利益进行有效的法律救济。社会权说认为，由于环境人格权无论是从权利内容还是从行使目的、原则及权利救济等方面，都具有公益性的特点，因此可以看出，环境人格权是具有社会公益性的权利，因而是一项社会权。[1]

2.环境人格权的人格权属性。

首先，人格尊严的内涵。人格一词本是舶来品，拉丁语中原为"面具"之意，经过长期演变，其含义逐渐固定，成为描述人的主体性存在的词语。法律层面上的人格一词，其含义也几经变化，在罗马法中的人格主要是指民事权利能力，即作为一种由生物意义上的人向法律意义上的权利主体过渡的标准而被使用的，在这一时期的人格概念与人的身份紧密相关，身份成了罗马法人格的要素。此时的人格概念兼具公私法的属性，"由于国家的治理是通过家庭的治理进行的形式，家父作为一个私的团体的首脑的身份与他作为城邦的正式成员的身份重合。以现代的眼光看，前一种身份属于私法，后一种身份属于公法"[2]。可见罗马法中的人格概念内涵复杂，其是以人格不平等作为前提的，并非所有的自然人都具有法律人格。事实上，法律中的人格概念深受伦理学人格概

[1] 朱谦.论环境权的法律属性[J].中国法学，2001（3）：64-70.

[2] 徐国栋.人身关系流变考（上）[J].法学，2002（6）：50.

念的影响，二者彼此交融。在伦理学中，人格是一种自由发展自己的能力，任何人都可以取得此种人格，人格平等由此而来。法律上的人格也受到伦理学中人格理论的影响，肯定了人格的尊严，进而确定了人格权存在的价值。人格尊严首先是指一种独立的自由意志，同时也表明了在社会交往中对自身的认可，是人作为主体性存在的标志性权利，它摒弃了人的出身、能力及政治地位，赋予每个人平等的权利。人格尊严既体现了人的一般人格利益，也具有确定具体人格权的功能。人格权概念出现得较晚，在19世纪才由一些德国学者首次提出，在实证法方面，法国1804年民法典也并未从正面规定人格权制度，德国1896年民法典也仅仅规定了一些具体的人格权，如姓名权、生命权、身体权、健康权等。1907年的瑞士民法典首次全面规定了人格权制度，既有一般人格权也有具体人格权。从此人格权制度得到了法律上的认可，成为一项法定权利。

事实上，如果认真探究人格权制度的发展历史，我们会发现，人格权制度是以人格尊严为核心和价值取向的。在近代社会的权利观念形成过程中，康德居功至伟，奠定了权利观念的基础。康德的伦理哲学以人为核心，在康德看来，人是自由而富有理性的，自由是指"意志自由"，它是人格的本质。理性是指认识能力和道德能力。在康德看来，人格的本体是意志，而理性不过是意志的固有特征。因此他认为"所谓权利，是任何人的自由意志，按照一条普遍的自由法则，确实能够和其他人的自由意志相协调的全部条件"[1]。康德将权利分为自然权利和法定权利，自然权利又可分为公权和私权两类。私人的权利也包含"天赋的权利"和"获得的权利"。而康德所谓的"天赋的权利"就是指自由，这种自由是每个人与生俱来的、平等的、独立的，且是能够并存的。从法学的视角来看，这些内容与人格相暗合。但是康德进一步论证认为人应该是自己的主人，"此外，每一个人对于别人还具有一种天赋的一般行为的权利"[2]。康德这里所讲的显然就是法学上的人格权，也就是人对自身的支配权、思想自由权，以及表达自由权等。康德从目的论的角度论证尊严的神圣性，当把人作为目的时，应当设定一定的限制和约束，这种限制和约束通常表现为道德规范，在限制和约束的范围内表明尊严的神圣性。康德的理论虽然亦存在一定缺陷，没有从人的本性出发论证人的尊严，但是其所确立的权利观念，使得人格尊严成为人格权的内在规定。人格尊严的神圣不可侵犯性也使环境人格权的确立成为可能。

其次，人格尊严的自然属性。人格尊严是一个十分抽象的概念，很难对其下一个确切的定义，人格尊严在不同时代具有不同的内涵，在古代社会中与身份和社会地位密切相关，近现代社会以来，以自由、理性、平等为基本内涵，我国学者王利明教授认为："人格尊严是人基于自己所处的社会环境、工作环境、地位、声望、家庭关系等各种客观要素，对自己人格价值和社会价值的认识和尊重，是人的社会地位的组成部分。"[3]但是无论怎样发展变化，都可以看出，人格尊严是对人的社会地位的一种描述。从人的本质属性来讲，是对人的社会属性的一种表述，这里的人格尊严是指人的社会性尊严。诚然，人格尊严的确是在社会交往中所呈现的对于自身的价值认可，然而，这种对人格尊严的认识忽略了对人的自然属性的考量，因而从某种程度上来讲

---

[1] 康德. 法的形而上学原理：权利的科学[M]. 沈叔平，译. 北京：商务印书馆，1991：40-41.

[2] 同上.

[3] 王利明. 人格权法中的人格尊严价值及其实现[J]. 清华法学，2013（5）：5.

是不全面的。或者我们可以说，人格尊严本身也包含两个方面，即社会性尊严和生物性尊严，社会性尊严是建立在生物性尊严的基础之上的，人首先是一种生物性存在，然后才是社会当中的人。人的自然属性是指人作为动物本身所具有的天然本性，自然属性与社会属性相互渗透、相互影响，人所具有的自然属性与动物的自然属性截然不同，因为这种自然属性渗透着社会化的因素，从这个角度来讲，人的社会性尊严中必然也具有自然属性。人的生物性尊严事实上指的是一种人的源于自然的生存和伦理秩序。人就是通过这种方式建立的基本的尊严等级观念，并进一步发展为社会性尊严。而事实上，人的生物性尊严是人的社会性尊严的基础，因此人格尊严的自然属性构成了社会属性的基础，社会属性影响和制约着自然属性，使得自然属性成为社会化的自然属性。人格尊严从本质上来讲应当包含这两种属性，人的生物性尊严是人格尊严的应有之义。以人格尊严作为整个制度基石的人格权制度，是一个开放的体系，根据时代的不同特点会不断地吸纳新的成员加入。人格尊严从来都是具有两面性的，只不过基于时代的需求展现了不同的面相而已。或者可以说，人的生物性尊严之所以没有被认识到，其根源在于人类一直在理所应当地享受大自然所馈赠的一切，从没有像今天这样陷入一种生态破坏的尴尬境地，资源的多元性与稀缺性价值广泛得到认可，人的生物性尊严也因此受到重视。环境人格权正是建立在人的生物性尊严的基础之上的，是在充分认识人的自然属性的前提下所提出的一种新型权利。

最后，环境人格权的人格权属性。人格权作为一种权利类型，具有独特性。一般认为人格权具有固有性、专属性、支配性等特点。环境人格权之所以是一种人格权，除了具备其以维护人的尊严为核心、是人之所以为人所必须具备的权利等内在特质之外，环境人格权还具有人格权所具备的外部特征。环境人格权同样具有固有性特征，这种固有性特征表现在人从出生就享有环境人格权，这种权利将伴随人的一生，这种权利的取得不需要去实施某种行为，也不能有期限限制。而环境人格权的专属性特征则是指环境人格权不仅与人相伴随始终，不能转让并不得抛弃和继承，除非法律有明确的规定。环境人格权的转让、抛弃将使人的人格受损，因此环境人格权在通常情况下不允许转让或抛弃。环境人格权支配性是指权利主体按照自己的意志，自行处理权利客体。这说明环境人格权的权利主体在法律限定的范围内具有支配权利客体的权利。

综上所述，人格尊严的自然属性特征决定了环境人格权的内在本质，与此同时，环境人格权除了具备自身的特点之外，尚具有人格权的外在表征，因此我们可以说，环境人格权从本质上就是一种人格权。

3.环境人格权是一项私法权利。环境人格权作为一种新型人格权，其权利属性源于人格权。然而，人格权究竟是一种宪法权利还是一种私法权利，理论学界一直存有争论。有学者从人格权的历史发展及德国基本法创设一般人格权的事实中认定人格权就是宪法权利，否定人格权的私法属性。然而此种论断并不能从根本上厘清人格权的权利属性。早期的民法典中没有规定人格权，是囿于时代的局限。法国民法典制定时，人格权观念尚未形成，不可能在其民法典中规定人格权。而德国民法典制定时，实际上已经对此问题进行了讨论，但是由于人格权在理论和立法技术上存在的问题没有解决，因而德国民法典并未对人格权的一般问题做出相应的规定，只是在侵权行为法中做了一些加害禁止的规定来保护具体的人格权。并且1907年的瑞士民法典也从正面角度规定了人格权，这说明人格权制度并非只能由宪法创设。宪法是具有公法性质的法律，它的功能主要是调整国家机关之间及国家与公民之间的关系。也就是说宪法权利事实上是以国家为义务主体而设定的权利类型，其主要目的是预防国家权力对公民权利的侵犯，宪法中人格权也具有此种功效。而私法中的人格权则是为了对抗来自平等主体的侵犯而设定的，其与宪法中的人格权的功能不同。或者可以这样说，人格权本身就具有两种面相，即宪法权利与私法权利的面相，二者并不矛盾，只是在面对不同的主体时所展现的不同样态。宪法权利也并不等于公法权利，我们并不能从宪法是公法的角度推导出这一结论。众所周知，宪法作为国家的根本性法律，规定了公民基本的权利类型，财产权也是其规定的内容之一，但是并不能就此得出结论，认为财产权是一项公法权利，事实上，财产权的私权属性是毋庸置疑的。宪法权利并非一种权利属性称谓，只能说明它的权利位阶。因此，人格权由宪法规定并不能直接说明它的权利属性。并且，如果说人格权仅仅停留于宪法层面的规定，那么其仅仅具有一种宣示作用，自然人的人格权益便难以得到法律保护。人要有尊严地生活，首先应是指在市民社会中人与人之间交往的生活尊严，这种尊严可能遭到来自国家的侵害，但更多的威胁是来自市民社会中的个体。而宪法无法为来自私人的侵犯提供救济。人格权必须经由私法规定才能转化为自然人实际享有的权利，也就是说人格权应主要规定在私法中，从性质上来讲，人格权是一项私权。作为人格权具体类型的环境人格权同样是一项私权。但是由于环境利益具有公共性特征，因此环境人格利益也具有公共性的特征。这种公共性特征就决定了环境人格权不同于传统的私权，在权利保护与救济方面具有强制性特征。

（三）环境人格权主体与客体的重塑

1.环境人格权的主体——生态经济人的再构造。

市场经济中的自然人主体，在理论上我们一般称之为"经济人"，所谓的"经济人"是指以追求利益最大化为目标的自然人。市场经济的利益驱动机制，最大限度地释放了自然人对物欲的追求，他们只关心自己利益的最大化问题，不会关心和同情他人，也不关心自己行为的价值，只关注其行为的目的。"经济人"的这种特性决定了他只关心如何实现自我利益的最大化，而对社会活动漠不关心。但是，社会化大分工又要求"经济人"必须进行社会交换才能实现各自利益的最大化，而进行这种社会交换的场所就是市场。这就是古典经济人理论对人的阐述，而新古典经济学则进一步表示，"经济人"在追求利益最大化过程中需要经过精密的计算，甚至提出了数学函数作为计算的依据，赋予了"经济人"理性的特征。理性是一个抽象的概念，但是通常以目标、利益及"算计"作为理性行为的表征。由于社会的发展变化，经济人理论也得到了不断的丰富，个人利益也不再仅仅指货币财富，也包含了名誉、地位等非经济性因素，此时的"经济人"是为了追求个人利益最大化的"泛经济人"。然而"经济人"的内涵如何变化，我们都可以看出，追求个人利益最大化是"经济人"的本质特征。这种"经济人"理论成为近代市民社会中的人性基础，"在市民社会里，每一个人都是以自身为目的，其他一切在他看来都是虚无的。但是，如果他不同别人发生关系，他就不能达到他的全部目的。因此，其他人变成了特殊的人达到目的的手段。但是，特殊目的通过同他人的关系就取得了普遍性的形式，并且在满足他人福利的同时，满足自己"[1]。这一理论在近代私法中获得了充分的认可，私法中的人的形象已经完全不具备道德因素而成为财产权利所设的抽象意义上的人，并且以市场规则为基础，只关注人的经济需求，工具理性盛行。然而社会是发展变化的，面对现代社会中出现的新问题，市民社会理论也不断地丰富和发展，主要就体现在人与社会关系的定位上。现代社会既关注个人的权利和自由，同时也强调社会的共同利益，是在知识经济条件下对人的重新解读。私法也同样体现了此种转变，其主体不再是纯粹的"经济人"，个人权利受到社会利益的制约，"经济人"具有了道德和社会内涵。这表明私法领域对其主体人性多元化的认可，经济人理论制度上的不足逐步得到修正。"经济人"理论的人性预设具有积极的功能，它对资本主义社会关系以及市场经济本质特征的把握具有相当的合理性，这种利己主义的价值观，极大促进了资本主义的社会发展，创造了前所未有的社会财富。并且，随着社会的发展变化，"经济人"理论也在不断地修正适应社会的变迁。因此，"经济人"理论具有一定的合理性。然而承认这一点并不是说"经济人"理论就是完美的，其本身仍然存在不足与缺陷。首先它将特定历史时期的个别的社会现象当作一种普遍的社会事实进行论证，有以偏概全之嫌。"经济人"理论只是在资本主义社会中对人的价值观的一种抽象和概括，并不能揭示人类社会发展中的全部，人的价值取向除了受到经济因素的影响，还与社会制度、历史、文化，以及国家传统等因素密切相关。"经济人"理论将对利益的追求作为法律主体活动的唯一目标，忽视了人的活动的复杂性，无法对法律关系的多元价值进行合理解释。众所周知，法律关系作为一种社会关系，从本质上来讲，其实就是一种互动关系，法律活动受到多种因素的影响，经济因素、社会因素、心理因素、文化因素都可能成为法律活动的动因。正因为如此，法律关系绝不仅仅是一种利己的关系，也可能是互利的，甚或是具有社会公益性的。这也就是说人的法律行为的动机不仅仅是追逐利益，或者可以说，利益并不是人的行为的全部动因。更为重要的是，"经济人"理论是建立在社会良性运行的基础之上的，却无法解决社会冲突与矛盾。这一理论认为，个人利益最大化必然会促进社会公共利益的实现，因此法律的核心问题就是保护人的自由。然而社会并不单纯地具有和谐的一面，冲突和矛盾同样是它重要的组成部分。与此相适应，法律也不可能仅仅调整私人之间的利益关系，还肩负着调整个人利益与社会利益以及个人利益、社会利益、国家利益之间的关系。所以，"经济人"理论与良好的社会秩序并不具有必然性。"经济人"理论的不足，直接导致了资本主义国家的许多经济与社会问题，最为典型的社会问题就是生态危机。

"经济人"理论以利益驱动机制为内涵，最大限度地刺激了人对经济利益的追求，也的确促进了社会的发展和进步，资本主义的繁荣与发展充分证明了这一点。然而，他同时也破坏了人与自然之间的关系，导致了严重的生态危机。在这一理论驱动下，自然环境遭到严重破坏，自然资源是有限的，这与以人的利益最大化为核心的"经济人"理论背道而驰，然而在"经济人"理论的指导下必然会导致对自然资源的过度开采。同时外部性理论告诉我们，"经济人"理论预设是环境污染的罪魁祸首。因为在这一理论中的"经济人"只关注个人利益，污染是市场典型的负外部性表现，"经济人"不愿意在

---

[1] 黑格尔. 法哲学原理[M]. 北京：商务印书馆，1982：197.

公益事业方面进行投入，反而会肆意污染环境，从而导致严重的环境污染问题，最终造成世界范围内的生态危机。

"经济人"理论存在的不足与缺陷已经十分明显，然而若想弥补此等不足，首先要分析"经济人"理论存在不足的原因所在。"经济人"一直以来被认为是对人性的一种描述，然而通过分析我们不难发现，这种概括和描述是片面的，仅仅反映了人的社会属性的一面，而忽略了人的自然属性，或者说在这一理论中没有全面地反映人的本质属性，人是自然界的产物，人的自然属性深刻反映了人与自然之间的关系，正因为如此，人的自然属性是人的社会属性的基础，人的社会属性从另一个角度来讲可以说是社会化的自然属性。然而"经济人"理论完全割裂了人的自然属性与社会属性的关系，没有认识到人对自然的依赖关系，而是傲慢地将人视为自然界的主宰，任意地破坏与践踏自然，最终导致了环境污染与生态危机。据此可以看出，"经济人"理论是建立在人类中心主义的理论之上的，这种对人性的抽象与概括完全剥离了人的自然属性，建立在此种理论基础上的法律制度存在缺陷也就在所难免了。因此"经济人"理论预设中必须反映人的自然属性，也就是说在"经济人"利益最大化中，不应仅仅包含经济利益，自然价值也是其应有之义，这样才能正确反映人的自然属性，构建人与自然之间的和谐关系。正是在此基础之上我们提出了"生态经济人"理论。

"生态经济人"是指具有生态理性的"经济人"。"生态经济人"以生态意识与生态伦理观念为基础。环境资源的经济价值与生态价值是人赖以生存的基础，"生态经济人"理论将二者结合在一起，从人性预设上将人的自然属性与人的社会属性结合起来，克服了"经济人"理论的不足与缺失。这种对人性的重新界定使得人的形象具有了立体感，以生态意识与生态伦理道德为基础，在充分尊重人的需求多样化的前提下寻求利益的最优化，经济利益只是"生态经济人"所要考虑的一个方面，生态安全利益亦纳入考量的范围。

"生态经济人"的理性属性亦与"经济人"不同，"生态经济人"所具有的理性是一种生态理性，是对生态环境的科学认知能力。[1]它首先是指一种生态安全的意识观念，这是一种整体主义的生态价值理念，它将生态安全作为一种根本的生存原则，将生态效益与经济效益并重，从整个人类生存、发展与延续的高度来解读生态安全的意义。然而仅仅具有生态安全意识的"经济人"还不能全面刻画"生态经济人"的理性特征，"生态经济人"的理性还含有更高层次的要求，即还应具有生态智慧，它主要是指一种具有生态内涵的评价与决策能力，这种评价与决策能力包括和谐的自然观、生态安全、生态公平、利益最优化以及整体主义的方法论。因此我们可以看出"生态经济人"的理性应当是包含生态意识与生态安全两个方面的"经济人"，这种理性与以往的经济理性存在根本不同，经济利益不再是其考量的唯一内容，还应包含生态利益在内的其他利益，"生态经济人"也不再以经济利益的最大化为目标，而是以各种利益的最优化为基本原则。

近现代私法主体制度也是建立在"经济人"理论的基础之上的，私法是调整市场经济的法律，在社会经济的发展方面，私法发挥了巨大作用。然而"经济人"理论本身的不足，在法律上也有所表现。以追求效率和自由为法律价值取向，比如私有财产神圣

---

[1] 胡军，蔡学英."经济人"与"生态人"的统一[J]. 湘潭大学社会科学学报，2002（5）：70-72.

不可侵犯、契约自由等原则都是这种单一价值法律规范表述，它不关注社会实质的公平与正义，不关心社会整体利益的实现，因此环境保护这样的社会公益性问题就不是它所关注的范围。"经济人"理论所认为的人是自己利益的最佳判断者，然而生态危机告诉我们这一理论是不成立的，个人并不是天生就具有判断的能力和天赋，这需要一个学习的过程。并且在这种理论构建下的法律与道德是对立的，法律作为为市场经济保驾护航的工具，对其他学科采取了一种排斥的态度。从某种程度上来说，道德是法律的灵魂，失去了道德内涵的法律，便是行尸走肉式的存在。这种将法律视为纯粹工具的理论，必然导致私法在环境保护方面具有局限性，因此私法若要在环境保护方面有所作为，就必须对"经济人"理论进行修正。然而这种修正并不是对"经济人"理论的全盘否定。私法作为市场经济活动的基本规则，是建立在"经济人"理论基础之上的，如果"经济人"理论被彻底推翻，那么势必会影响整个司法体系的构建。"经济人"对利益的追逐体现在法律上就表现为法律权利的享有，私法生态化的运动过程，是要在个人权利的设置上体现"经济人"多元化的价值追求，同时要对个人权利进行一定的限制，将社会利益、生态利益纳入权利行使界限的考量范围，但是我们不能完全否定个人权利，或是用社会利益或者生态利益等取代个人利益。"生态经济人"只是对"经济人"理论的一种补充和延展，或者说是一种生态限定。环境人格权的私法保护就是一种将环境保护义务纳入私法权利设定的工作，环境人格权的核心内容就是保障人最基本的生存条件与生活环境，通过私法具体制度的设计实现对生态环境的法律保护。因此"生态经济人"是在"经济人"理论基础上的一种升华，是在充分考虑传统私法所具有的资源配置功能的前提条件下的生态化过程，这种新的人性标准，为在私法体系中构建环境人格权奠定了深厚的基础。

环境人格权作为环境权的子权利，其主体必然受到环境权主体制度的影响，然而自环境权产生以来，其主体方面的争论就从未停止过，有学者认为环境权的主体仅指公民，也有学者认为环境权的主体包括公民、法人、社会团体、国家、国际组织，甚至包括后代人与自然物。目前来讲并没有一种理论能够获得学界的一致认可。环境人格权是一项私法权利，从这个角度来讲，环境人格权的主体必须符合私法主体制度的设计。在私法领域，其主体包括自然人与法人，因此公民不宜作为环境人格权的主体，虽然我国民法通则中一直沿用公民一词，这是我国特殊历史背景的产物，而在市民社会中，自然人才是对生物意义上的人的恰当称呼。自然物成为法律意义上主体的探讨源于生态危机与生态伦理学的发展，目前美国和日本在司法实践中也进行了尝试，但是在目前的法学理论中来探讨这一问题仍然存在根本性障碍，生态伦理学与法学应当有适当的分界线，在操作层面上，司法实践中自然物的法律诉求的表达是一个必须要解决的核心问题，如果为其设定代理人与监护人制度，那么说到底，自然物的法律诉求也不过是代理人或监护人的主观意愿而已。事实上，任何学科或者法律制度的设计与发展都是以人为中心的，生态伦理学对生态物种与自然物利益的考量说到底也不过是为了人类的生存、延续与发展。因此自然物不能成为法律上的主体，更不能成为环境人格权这种精神性权利的主体，因为目前来说，精神活动是人类一种特有的现象，在目前的情况下，自然物成为环境人格权主体存在难以逾越的障碍。将后代人作为权利主体仍然是出于生态伦理学的考量，是对人类作为自然界中的一个物种的延续和发展的关注，体现了代际公平的法律理念。然而后代人亦难以成为法律上的主体，这与法律制度中的主体存在根本不同，要想为后代人保留生存与发展的空间，可以利用公法的控制或者管制功能来克服当代人的盲目和短视。人类是一个抽象的集体概念，并不是一个规范的法律术语，其内涵宽泛，且超越了国界与主权，因而难以成为私法当中的主体。法人是私法制度中一类典型主体，然而环境人格权是一项精神性的权利，因为将法人排除在了环境人格权的主体之外。

综上所述，尽管生态伦理学的发展对法学具有深远的影响，然而就目前而言，生态伦理学意义上的很多伦理主体仍然不能成为法律主体，尤其是环境人格权的主体。环境人格权作为一种私法权利，其权利主体不能与私法主体制度相悖，因此作为一种精神性的私法权利，环境人格权的主体只能为自然人。

2.环境人格权的客体。

环境人格权作为环境权与人格权的交叉权利类型，既具有环境权的权利特性，也具有人格权的权利特性。然而，环境权虽然已被大多数国家写入宪法当中，但是无论是在理论上还是在实践中，其权利客体仍然是争议颇多且至今仍无定论的一个问题。人格权制度之所以在理论上发展迟缓，其根本原因也是因为人格权客体理论存在的问题难以解决，因此造成人格权的理论与实践相脱节的局面。

一般而言，环境权的客体是指环境权主体的权利义务所指向的对象，也称"环境法律关系的客体"或"环境权客体"。廓清环境权的客体是克服环境权理论存在问题的关键因素之一，同时也是环境权研究的难点，是目前我国环境权理论研究停滞不前的原因之一。吴卫星认为环境权的客体是环境及其构成要素，他在对环境的含义进行剖析的基础上，认为环境权的客体具体包括历史文化遗迹、国家森林公园、地质公园等。[1]陈泉生教授认为环境权的客体为空气、水、阳光等自然环境要素和生活居住区、公园、人文遗迹等人为环境要素与臭氧层、海洋、热带雨林及其他生命物组成的整个地球的生物圈。他指出，由于地球是一个统一的整体，各种环境要素之间相互联系，同时又相互制约，本身并没有人为的国界，任何环境要素的破坏都将导致整个地球的生物圈受到影响，严重者就会危及人类，从这一角度来说，陈泉生教授认为环境权的客体当然包括整个地球的生物圈。[2]谷德近则认为环境权的客体为环境要素的特定状态及国家行为。他虽然认为环境权的客体包含了环境要素，但他进一步将其界定为环境要素的特定状态。谷德近以依靠土地、森林、草原生存的人群为例说明了这一问题。这些人所享有的环境权的客体并非指土地、森林、草原等自然资源本身。因为一般而言，自然资源的所有权或使用权是其他部门法，主要是私法所要规制的内容，而不是环境权的客体。环境权的客体仅仅是指这些自然资源能够满足其使用的一种稳定而良好的状态。他进一步指出，我们所指在良好舒适的环境中生活的权利，就是对环境要素特定状态的一种要求，但我们这种要求应是有限度的，他仅仅是指环境权客体对主体生理上的满足，而非精神上的。精神上的舒适性是指国家行为。以行为作为客体，法律中早有先例，例如在合同法中，有的合同类型就是以行为作为权利客体的。有所不同的是，谷德近所主张的作为环境权

[1] 吴卫星.环境权研究：公法学的视角[M].北京：法律出版社，2007：90.

[2] 陈泉生.环境时代与宪法环境权的创设[J].福州大学学报（哲学社会科学版），2001（4）：16-29.

客体的行为，主要指国家行为。吴国贵主张环境权的客体为物、行为以及其他客体和其他权益。这里的物一般是指自然环境要素、人为环境要素以及整个地球的生物圈等环境要素。环境法防治的是各种污染物质和生态破坏现象，以及构成污染源和防治污染或保护环境的工程设施等其他物质；行为主要指参加环境法律关系的主体对环境有影响的开发、利用、保护、改善和管理环境的行为，简称环境行为。事实上，他认为以物和行为作为环境权的客体，这本身是没有异议的，其争议主要存在于"其他客体"和"其他权益"两部分。"其他客体"是指精神财富而言；"其他权益"则指人身。换句话说，争议在于人身和精神财富能否成为环境权的客体。吴国贵指出，其实法律关系的客体是一个随着社会发展而不断变化的历史概念，从法律关系客体的历史演进脉络中可以看出，其呈现出不断扩大的趋势。那么随着法律对人与人之间及人与自然之间的关系的调整不断深入，就会不断产生或发现新的权利客体。因此，人身和精神财富亦可作为环境权的权利客体。首先就人身而言，它既指人的物质形态，同时也是人的精神利益的体现。传统权利理论中，人或人身只能是权利主体，而不能成为权利客体。但是近年来，人身作为权利客体亦开始被承认，并已经进入了环境权权利客体的研究视野。其主要原因在于传统人格权理论中对人身权，特别是对生命健康权的保护存在诸多不足。依照人格权理论，其对人的生命健康权的保护是以对人身的直接侵害作为构成要件的，且侵害的标准一般为医学标准，以产生疾病作为承担责任的标准。而在环境污染和破坏中，往往不具有这样的特征，一般而言，造成疾病是环境污染和破坏最为严重的后果。环境权设立的初衷是为了保证环境的清洁和优美，不对人体健康造成威胁，以环境质量标准作为是否承担责任的客观基础。将人身作为环境权的客体，也为环境人格权的建立提供了正当性的客体基础。吴国贵所指称的精神财富是指通过某种物体（如书本、砖石、纸片、胶片、磁盘）或大脑记载下来并加以流传的，载有价值和利益的环境信息。事实上，这里的精神财富，进一步而言，是环境知情权的客体。环境知情权是作为环境权的具体内容存在的。因此，环境权的客体也应包括精神财富。[1]胡静则认为环境权的客体为环境资源。对于作为环境权客体的环境资源，需要从功能的角度，即环境资源对人的利益满足的角度或者从环境资源功能的角度加以认识。[2]从环境经济学角度来讲，可以将环境资源分为物质性资源、环境容量资源、舒适性资源和自维持性资源。就环境资源对人的有用性而言，显然能够对人有用的为物质性资源、环境容量资源和舒适性资源。而从环境资源对人的功能角度来讲，环境资源主要具备经济功能和生态功能，两种功能在发挥作用的方式、功能实现的持续性以及功能的排他性方面都具有各自的特点，而环境权设置的主要目的在于保护环境资源的生态功能。因此，胡静认为，尽管环境权是对环境资源的生态功能设置的，但是环境权的客体是自然物或环境资源，而不能表述为具有环境功能的自然物。邹雄认为权利客体不同于法律关系的客体，权利客体是权利行使所及的对象，环境权的客体是指"环境生态功能"，首先它是由环境生态功能的特征所决定的，环境本身具有财产价值和生态功能价值，也就是说，各种自然要素事实上具有自然资源和环境资源这两种完全不同的资源属性，其自然资源长期以来一直作为财产权的客体存

[1] 吴国贵. 环境权的概念、属性[J]. 法律科学（西北政法大学学报），2003（4）：67-72.

[2] 胡静. 论环境权的要素[C]//适应市场机制的环境法制建设问题研究：2002年中国环境资源法学研讨会论文集（上册），西安，2002：201-204.

在的，因此不能同时成为环境权的客体存在。由于"作为环境资源的环境生态功能必然表现出的特点，使得环境生态功能恰恰需要全新类型的权利——环境权来保障，因而成为环境权的客体"[1]。其次，环境生态功能的特征，决定了其与传统民事权利存在诸多不同，依靠传统民事权利制度无法对侵犯环境利益的行为实现全面保护。而传统民事权利与环境权区别的关键就在于评价行为是否对环境生态功能造成了影响。所以环境权的客体只能是环境生态功能。最后，他从环境权设置的目的的角度，认为环境权的客体也应当是环境生态功能，其认为应当对环境危机有清醒的认识。[2]事实上，日照、宁静、清洁水源、清洁空气等因素都能为环境生态功能所包含，因此，环境权的客体应当是环境生态功能。

即使在日本，环境权的客体也存在争议。日本很多宪法学者认为环境权的客体仅指自然环境，其理由有三：一是，如果将历史遗迹、道路、公园等社会环境作为环境权的客体，那么环境权客体的范围就过于宽泛了，会削弱其权利性；二是，如果将社会环境也视为环境权的客体，有时会出现自然环境与社会环境之间的冲突和矛盾，使环境权陷入困境；三是，从本质上来说，环境权设立的初衷也是为了保全自然界的循环作用。权利是权利主体与之所拥有的东西联系的纽带，权利主体所拥有的东西必须外在于人，也就是说，必须是"外部事物"，人若想要此"外部事物"成为自己的东西就必须拥有法律所赋予的权利，此时"外部事物"就成为权利的客体，这就是私法的"权利保护"的模式。然而对于那些"内在于人"的伦理价值同样需要法律保护，但是权利理论的思考方式决定了这些事物不能成为权利的客体，因此采取了"人之本体保护"的模式。这两种方法虽然都是法律对人的一种保护，但认真研究就会发现两者存在明显不同，"权利保护"模式是对人的自由以及自由界限的一种法律界定，"人之本体保护"是通过约束人的自身来实现对人内在完整性的一种保护，而我们一直指称的人格权的法律保护就是指的"人之本体保护"的模式，也就是说从这一角度来讲，人格权徒有权利之名，而无权利之实，它并非传统意义上的权利。正因为如此，《法国民法典》没有确认人格权的概念，《德国民法典》同样不能克服人格权理论上存在的问题，承认一项人对于自身的权利存在。因此人格权若想成为法律意义上的权利，就必须对其权利客体进行重构。在我国，理论界一般将人格利益作为人格权的客体，这是从权利的本质对人格权客体的解读。我国有学者将利益作为权利的本质或者说是目的对待，因而认为权利作用于对象的目的是特定利益。耶林也认为权利是一种以保护某项利益而存在的法律形式，依据此种法律形式便可实现某项利益。这种学说从权利的目的入手来论证法律权利的客体，混淆了目的与客体的关系。当然，将人格利益当作人格权的客体对待还有一个原因就是人格要素不能成为权利客体，因而借助人格利益的表述来重构人格权的权利客体。的确，利益乃为人的身外之物，然而其外在性与其与人身的可分离性却又与人格权的属性即与人身不可分离性相冲突，因而人格利益作为人格权的客体仍然存在理论上的缺陷。马俊驹教授认为人格权的客体是人格，这一理论是建立在人的伦理价值外在化的思考的基础之上的，近现代社会的发展导致了人的伦理价值在内容上的扩张，尤其是在第二次世界

---

[1] 邹雄. 环境权新论[J]. 东南学术，2005（3）：136.

[2] 徐祥民. 对"公民环境权"投反对票[C]. 中国海洋大学法学院论文集. 青岛：中国海洋大学出版社，2003：37.

大战之后人的伦理价值已经扩展至知情、信用、宁静、信息等方方面面。这些价值与法律意义上人的标准已经相去甚远，或者说已经不能构成人之所以为人的最为基本的内在要素。近现代私法中的伦理价值观念无法为其提供成长的土壤，并为其提供法律上的保护。因此将其视为一种外在于人的事物以及法律上的权利客体，是社会历史发展的必然。同时我们还注意到，随着市场经济的深入发展，人的伦理价值也具有了财产属性，人们开始像支配财产那样去支配自身的人格价值。与此同时，擅自使用他人人格价值的现象也随之出现，因而在某些方面人格价值与财产的对立性就越来越模糊，人格价值的这一支配属性是对传统人格权理论的又一冲击，动摇了传统的"内在化的伦理价值"观念。马俊驹教授认为正是这一观念的松动使得"人的伦理价值外在化"理论逐渐地清晰起来，这是人格权客体重构的前提和基础，人的伦理价值与人之间的关系由"我之所是"转变为"我之所有"，并通过人格权将二者连接起来，完成了人格权客体结构的重塑。马俊驹教授从人性出发，根据社会的发展变化提出了人格权的客体乃为人格，其与传统观念中人格的含义并不相同，马俊驹教授此处的人格所指称的是人的伦理要素，如生命、健康、身体等，而不是一种法律意义上的主体标准。[1]人格权的客体问题的确是构建人格权理论的基石，然而利益说虽为我国学界主流，却没能从根本上解决人格权客体的理论症结，且利益是否为权利客体本身仍然存在诸多争论，因而难以服众，人格利益视为人格权的客体不过是一种权宜之计而已。马俊驹教授所提出的观点事实上没有纠结于人格权客体"内在化"问题，而是另辟蹊径，是一种观念的转变。人格权的客体就是人格，但是它不仅仅是指人的伦理要素，在一般人格权的语境中，此处的人格应该是指人的伦理价值，而在具体的人格权中才指人的伦理要素。

基于上述对环境权与人格权客体的分析，环境人格权客体乃为环境人格。在一般环境人格权的语境下，是指人的生物性尊严，即人的环境伦理价值，进一步而言就是指人的环境人格平等、环境人格独立、环境人格自由。在具体环境人格权语境下是指环境伦理要素。以清洁空气权和清洁水权为例。就清洁空气权而言，很多人将其客体界定为空气，然而这种界定无疑存在致命缺陷，依照法学理论，能够成为权利客体的，必须能够为权利主体占有、支配和控制。显然，人们对空气这种客体的权能难以实现。因此，清洁空气权的客体不可能是空气，只能是空气所具有的一种良好状态，即保障人类呼吸而不损害其健康的一种状态。人类对这种状态的享有和支配并不影响其他人对空气的利用，即事实上不具有排他性。以向空气排放污染物为例，只要这种排放没有对人类的身体健康造成损害，就没有侵犯其环境权。从另一个角度来讲，环境人格权主体对客体的控制即表现为有权对破坏良好状态的行为加以禁止。再以清洁水权为例，此权利看来以水为权利客体是毫无疑问的，认真分析便会发现事实上可能并非如此。一般而言，无非存在从自然界直接获取和从饮水工程获取两种取得清洁用水的方式。清洁水权是指权利主体对水资源的使用权。然而，从根本而言，权利主体是否能够获得足够的并且对人的身心无害的饮用水，与采取何种水资源产权制度并无多大关系，其根本上是生态系统能够提供这种符合要求的水资源。这实际上就是指的生态系统所具备的一种良好的状态，对于从饮水工程中取水的清洁水权而言，也很容易论证。由此可见，环境人格权的客体

---

[1] 马俊驹.人格和人格权理论讲稿[M].北京：法律出版社，2009：75-88.

指的是自然环境要素的良好状态，而这种状态从本质上来讲是一种技术标准，因而是能够控制和支配的。

（四）环境人格权的私法确立

首先是人格权的私法设置。环境人格权作为环境权与人格权的共同的子权利，既兼具二者的特性，又有自己的个性。环境权作为一种人权已经获得很多国家的宪法认可，成为一项宪法性权利。但是由于环境权的主体、客体、内容方面均存在很多争议，因此环境权虽然已经成为一项法定权利，但是在司法实践中却很少运用。理论界针对此种情况提出了种种设想，意在使环境权具有可操作性。将环境权进行拆分，并由各个部门法进行保护，是实现这一目标的理想进路。在这种设定下，环境人格权才有了私法确认的必要性和可能性。环境人格权的私权属性决定了私法保护的必然性问题，然而环境人格权在私法体系中的位置是需要进一步考虑的现实问题。人格权制度在私法体系中如何安放的问题，一直以来是我国学界争论的重要理论问题。若想厘清这一问题，我们先要厘清私法体系内部的关系，首先我们应将人格权制度与私法主体制度进行区分。人格权一般被解读为民事主体所固有的、具有人身依附性的权利类型，在传统理论的视角下，人格权是人的主体性要素，是人之所以为人所必须具备的专属性的权利，因此即使在社会实践中，人格权类型获得了蓬勃的发展，作为人格权制度规定较为完备的《瑞士民法典》仍然将其规定在了主体制度当中，我国也有部分学者主张将其放入主体制度当中进行规定，依此理论人格权制度将被置于民法典总则部分进行规定。然而随着社会的发展变化，人格权制度也出现了新的发展样态，其与主体制度的强烈依附性已经逐渐转淡，换句话说，人格权在发展过程中呈现出与主体制度逐渐分离的趋势，尤其是人格权商品化问题的出现，突破了传统理论中的人格权与财产权决然对立的格局，也使得人格权制度与主体制度渐行渐远了。在市场经济体制下，由于利益驱动机制的作用，人格权中除了生命权、身体权、健康权之外基本都出现了商业化的趋势，其与财产权结合，具有重大的商业利益。各国在司法实践当中对这一问题基本都是采取了肯定的态度来保护私法主体人格权中的财产利益，从这一角度来讲，人格权就是可以使用、收益或者是处分的，也就是说人格权在某种情况下是允许转让的，因此学者所主张的因人格权与主体制度不可分离的特性而将其规定在主体制度中是不合时宜的。其次，对人格权的全面保护乃是侵权法不能承受之重。由于人格权客体的理论争论一直没有较为满意的答案，人对自身的权利问题难以有圆满的解答，因此民法对人格权的保护，一直采取的是"人之本体"的消极保护模式，即通过侵权法对侵犯人格权的行为进行规制。然而，侵权法虽然具有权利和利益的法律保护功能，却无法为人格权提供全面的私法保护。侵权法中无法全面列举人格权的具体类型，或者说即使可以全面列举，也无法为人格权提供周延的保护。因为侵权法对人格权的救济功能，无法说明人格权保护的理论基础以及保护程度问题。现代社会的发展表明，人格权已经不再是一项消极的客观权利，而是一项积极的主观权利。而侵权法对人格权的规定并不具有确认主观权利的功能。况且人格权也是一种绝对权，但是由于对其侵害的后果具有不可恢复的特性，因此在救济方式上应当具有不同于物权的救济模式，尤其是对事先预防措施的规定应当是人格权救济方式的重点内容，然而侵权法不可能为人格权设置专门的救济保护模式，因此将人格权制度放入侵权责任法中规定也是不合适的,虽然《德国民法典》采取了此种体例,但是《德国民法典》制定的时代背景以及当时人格权理论的发展,使得人格权还不能单独成编。况且各国法律文化与制度设计格局不同,德国模式并不适应我国的情况和现代人格权制度的发展。因此,人格权制度既不能为主体制度所涵盖,也不能将其置于侵权法之下,人格权法应当单独成编。[1]这体现了法律的人文主义关怀,打破了传统重物轻人的法律理念。

其次必须厘清一般人格权与具体人格权的关系。一般人格权是在司法实践中所创设的权利,其设立的意图在于对未被法律明确保护的人格权进行保护,适应社会发展对人格权保护的需求,因此受到各国的争相效仿和吹捧,也备受理论界的青睐。然而与此形成鲜明对比的是,一般人格权制度的蓬勃发展并没有受到立法的接受与认可,即使在创设一般人格权制度的德国,法律上也并没有关于一般人格权的制度规定。德国法院之所以不愿意承认一般人格权,根本原因在于一般人格权在内容和范围上的不确定性,因而德国立法者采取了非常慎重的态度对待一般人格权制度,将之交给法官在具体的个案中进行利益衡量,而没有使之进入法律制度的层面中来。德国在民法典修改过程中也曾试图将一般人格权规定于民法之中,但是并没有成功,这些现象让很多学者不得不重新思考一般人格权的本质问题。一般人格权本身并非一种权利,是指自然人所享有的一般人格利益,它包含了人格平等、人格独立、人格自由以及人格尊严的全部内容。从其基本内涵上可以看出,一般人格权乃是人的形象的法律表述。它概括并包含了人格权的全部内容,并为具体人格权的出现与发展预留了空间。这样一个高度概括性的权利类型的创设,似乎不需要再具体规定人格权的类型,只要依据此项权利,交予法官进行利益衡量,人格权的法律保护便可实现,这与我们不断认可与保护具体人格权的做法完全是相悖的。况且各学者在讨论一般人格权时无不认为一般人格权是产生具体人格权的理论基础,具有解释、补充以及创设具有人格权的功能。因此无论是从内涵还是从功能上来看,一般人格权虽有权利之名,但实为一项法律基本原则,或者说它在本质上就是一项人格权法的基本原则,这样也就不难解释为什么一般人格权涵盖了自然人主体的一般人格利益,是具体人格权产生的基础并具有补充与解释的功能了,因为这些都是作为法律基本原则所必须具有的特质。一般人格权虽然是德国法院依据其《基本法》的规定所创设,但这并不意味着一般人格权是一项宪法上的原则,事实上,一般人格权是沟通宪法与私法的桥梁,宪法中所确认和保护的人的基本价值,通过一般人格权制度进入私法领域,并成为私法保护的对象。这也说明一般人格权是宪法所塑造的人的形象的私法再现,它为宪法中人格权与私法中人格权的规定提供了沟通的媒介和桥梁。

既然将一般人格权界定为人格权法的法律基本原则,那么一般人格权与具体人格权的关系便不言而喻了,拉伦茨非常准确地指明了二者之间的关系:一般人格权作为任何人都应受尊重的权利是所有人格权的基础,特别人格权是一般人格权的一部分[2]。也就是说,一般人格权与具体人格权就是一般与具体的关系,一般人格权是创设具体人格权的前提和基础。或者可以这样理解,一般人格权是人的尊严与自由的另外一种表述而已,

[1] 王利明. 我国未来民法典中人格权编的完善:2002年《民法典草案》第四编评述[J]. 中国政法大学学报,2013（1）:35-42.

[2] 卡尔·拉伦茨. 德国民法通论[M]. 王晓晔,邵建东,程建英,等,译. 北京:法律出版社,2003:174.

它使得人格权具有了开放性的品质，可以不断吸收和容纳不断出现的新型的人格权利，并为那些尚未上升为法律权利的人格利益提供法律保护。

最后是环境人格权的一般人格权属性。环境人格权是指私法主体所享有的在适宜良好的环境中生活的权利，它是人作为生物性存在所必须具备的前提和基础，是生物性尊严在法律上的具体表述。它是以环境资源为媒介集合性的权利，具有普遍性、概括性与专属性的特征。环境人格权作为一种普遍性权利，它是指生态文明背景下人人都享有的一项权利，它与每一个人的切身利益密切相关，因而不分民族、种族、年龄、职业、性别、经济地位，人人都平等地享有此项权利。概括性特征说明环境人格权是许多具体环境人格权的集合，阳光权、清洁水权、清洁空气权、宁静权、景观权等都是环境人格权的具体权利类型。作为一项概括性权利，环境人格权体现了法律对人的生物性尊严的尊重和保护，进而使得法律对人的保护更加周延，人才有可能得以全面发展。专属性是人格权的本质属性，环境人格权的专有属性是指环境人格权是自然人主体与生俱来并相伴终生的一种权利，人的自然属性是人享有环境人格权的内在要求，自然是人赖以生存和发展的基础，自然环境的破坏必然会给人类带来深重的灾难和打击，离开自然环境，人将不复存在。环境人格权作为一项以环境为媒介的精神性权利，就目前而言能且只能为人类所享有，法人以及自然物因不具有理性和意识，因而不可能享有此项权利。据此可以看出，环境人格权作为一项精神性权利，具有一般人格权的特性，它从根本上规定了自然人主体的生物性尊严，是对人的尊严与自由的现代发展，其契合了一般人格权的内在品质，因而环境人格权是一般人格权。实践证明，无论什么样的法律制度设计都不可能对人提供全面而完善的保护，法律制度是随着社会的发展变化而不断更新的系统。环境人格权也是到了生态文明时代才逐渐被人们所认知和接受的，那么可以预见在未来社会也必将会有新的具体的环境人格权类型不断出现，作为一般人格权的环境人格权就可以为此种具体环境人格权的出现提供法律保护和制度支持。同时作为一般人格权的环境人格权还需要不断进行类型化，我们认为在人格权法总则部分应当对环境人格权进行一般规定，这是环境人格权保持开放性的必要前提和基础，在此基础上可对目前已经成熟的具体环境人格权进行规定。

（五）环境人格权的人格权法确认

环境人格权作为一种私法权利，在前文已经进行了详细论述，因而其应当主要由私法进行确认和保护，而在私法体系内部，环境人格权应当归入人格权法，由人格权法进行立法确认。《乌克兰民法典》将环境人格权作为一种具体人格权加以规定，而在我国的《人格权法》的专家建议稿中，王利明教授将其作为其他人格利益的一种放入第六编中，徐国栋教授则将之放入主体制度进行统一规定。从立法模式上来讲，环境人格权作为人格权的组成部分已经毫无疑问，然而其称谓问题仍需探讨。在《乌克兰民法典》中以环境权称之，我国学者专家也习惯称之为环境权。然而此种称谓却未必恰当，众所周知，环境权的内容的不确定性历来是理论界争论的焦点问题，姑且不论环境权的公权属性以及程序性环境权存在的必要性，但从环境权的私法属性来讲，其权利内容也并未获得较为一致的意见。在现实生活中，由于侵犯环境权的后果，大都表现为对人身权和健康权的损害，有人据此认为环境权就是人格权或者说是人格权的一种。日本学者就主张环境权是一种人格权，因为对环境权的侵犯一般表现为对公民身体健康的侵害，是对公民人身利益的侵犯，因而根据《日本宪法》13条追求幸福的权利和25条有关生存权的规定，推导出公民享有环境权，也因此使得环境权的人格权属性分外强烈。另外，日本在司法实践中，将侵犯环境权行为视为对人格权的侵犯，以司法实践形式确认了环境权的人格权属性。[1]美国学者萨克斯则主张环境权是一种财产权。其将各种环境要素视为全体公民的共有财产，公民将其委托给政府，从而公民与政府之间建立起信托关系，政府作为受托人有责任管好这些财产，1892年美国联邦最高法院对伊利诺伊州中央铁路公司诉伊利诺伊州案的判决确立了这一原则。现在有些学者把环境使用权当作环境权的内容之一，而使用权在本质上是财产权的权能之一，因此推导出环境权是财产权这一结论。另有学者根据环境权的交往性，认为"环境权本质上就是一种物权，是物权中的共有权的特定类型"[2]。持物权说者从民法物权理论的角度看待环境权，或者把环境权看作环境相邻权，认为其具体可包括通风权、疏水权、采光权等，同时亦对环境相邻权与相邻权的差异进行了解释；或者把环境权看作环境使用权，即人对环境进行占有、使用和收益的用益物权。有学者从制度经济学理论出发，把环境权界定为比传统民法物权更为广泛的产权，认为在法律上确立环境产权，可以在宏观上指导、规划、调节和改善整个社会的环境经济运行的生产、交换、分配和消费过程，并可以从法律上支持环境产业（如环境卫生和环境美化活动等）的商业化运作，从而为环境保护提供强有力的利益机制和动力机制。从看待环境权的视角来看，不论持物权说的具体内容有多大差异，其都是从民法物权的角度来对待环境权的，即把环境当作人的外在支配对象，实质上把许多重要的环境要素，如空气、阳光、水等非传统意义上的个人财产当作了财产权的客体，同时忽略或者说扭曲了人与环境的相互关系；而且，从物权视角来理解环境权，把大量的非物权意义上的环境权给排除在环境权的体系之外，不利于对环境权进行有效的法律救济。物权说仍把环境权理解为私权，产权说则把环境权理解为公权，但尽管存在着这些差异，产权说仍然存在着与物权说类似的缺陷。[3]因此，尽管很多学者注意到了环境权的私权属性，却仍然很难形成统一的意见，环境权在私权范围内究竟是一项物权，抑或是人格权，或者是二者兼具？目前来说仍然是未解之谜。因此在人格权立法中称之为环境权似有不妥，一方面，容易让人心生误解，以为环境权的私法属性仅指其所具有的人格权属性，另一方面，假设其物权属性得到立法确认，是否也将之称为环境权？届时将面临两难选择。因而，在环境人格权的人格权法的确认中，将之称为环境人格权或者以其他人格权称之，这是目前来看较为可取的方式。

因此在人格权立法中应当将环境人格权纳入其中，在总则部分规定一般环境人格权，在分则中专门一章规定环境人格权的具体类型，将现在已经比较成熟的权利类型如阳光权、清洁空气权、清洁水权、宁静权、景观权分别进行规定，对环境人格权进行全面立法确认与保护。

---

[1] 1970年大阪国际机场公害案件和1980年的伊达火力发电厂案。

[2] 吴亚平. 论环境权是一种物权[J]. 河北法学，2006（6）：94-97.

[3] 杨建学. 对环境权的再审视：以"人类-自然"环境系统为视角[J]. 法律科学（西北政法大学学报），2010（2）：71-78.

四、环境人格权的侵权责任法保护

环境人格权的侵权责任是指侵犯环境人格权的行为所应当承担的侵权责任，侵犯环境人格权的行为与一般的环境侵权行为并不完全相同。环境侵权从广义上来讲是指通过环境这种媒介而对人身或财产造成损害或者有损害危险的行为，从这个角度来讲，侵犯环境人格权的行为亦属于环境侵权的应有之义，我们可以将环境人格权的侵权行为界定为通过环境这种媒介而对人的人格权所造成的损害或者有损害危险的行为。也就是说，环境侵权行为包含了环境人格权的侵权行为，二者之间是隶属关系。但是环境人格权的侵权行为与环境侵权行为既有共性，亦有自己的个性。环境侵权虽然也包含对人格权保护的内涵，但其所强调的是对生命权、身体权、健康权的保护，其是以造成一定的损害后果为承担责任的依据的。环境人格权的侵权行为主要是指对人的精神利益损害，侵权行为的责任方式上更强调法律的预防功能。环境人格权侵权责任的成立，在归责原则方面仍然采取无过错责任，在行为方面也不以违法性作为构成要件，然而在环境人格权侵权行为损害的认定方面，却与传统环境侵权有很大不同。侵害环境人格权的损害的认定，是研究环境人格权侵权责任的基础和核心内容。

（一）环境人格权损害的基本内涵

1.法律视野中的损害

众所周知，损害是侵权责任法中的核心概念，然而到目前为止还没有任何一个国家能给损害下一个明确的定义。在英国法中，损害的具体含义需要在个案中予以明确。在大陆法系中损害一般是指对人身、财产等所造成的不利后果。而在学者眼中，损害的概念也并不相同，有学者将损害认定为一种不利后果，[1]张新宝教授也持此种观点，他认为："损害是指受害人因他人的加害行为或者准侵权行为而遭受的人身或财产方面的不利后果。"[2]也有学者认为损害是破坏法律所保护的权利或者利益的后果，[3]王利明教授也持此种观点，他从损害赔偿的角度对损害予以界定，"损害是指因一定的行为或时间使某人受法律保护的权利和利益遭受不利益的影响"[4]。可见，有关损害的内涵，目前仍是一个见仁见智的问题，然而这一概念是研究侵权责任不可跨越的一个基本问题，研究侵权责任就必须首先对损害进行界定。

客观范畴中的损害是指一种事实上的损害状态，这是对损害的一种状态要求，损害必须是客观存在的而不能是虚构的，从这一角度来讲，它要求无论是财产损失还是人身损失，抑或是利益的损失都应当是实际发生的，而不是猜想、臆测尚未发生的。同时还要求损害事实具有一定的确定性，其确定性是由种类、范围和程度来界定的。一般而言，财产损害除了纯粹经济损失是比较容易确定的，非财产损害的确定则相对困难，因而有些国家认为非财产损害只有对人身权的侵害才是损害所指的范围，精神损害则应该进行比较严格的限定，生态损害的认定则更为艰难。且从程度上来讲，需对损害进行程

[1] 江平，王家福. 民商法大辞典[M]. 南京：南京大学出版社，1998：708.

[2] 张新宝. 侵权责任构成要件研究[M]. 北京：法律出版社，2007：120.

[3] 马俊驹，余延满. 民法原论（下）[M]. 北京：法律出版社，1998：1027.

[4] 王利明. 侵权责任法研究（下）[M]. 北京：中国人民大学出版社，2010：305.

度上的限制，因为在社会生活过程中，要求人们负有一定的容忍义务，允许来自他人的轻微的伤害。诚然，损害的确定性是限定赔偿数额，同时也是确定侵权责任的重要因素。就损害的客观方面来讲，其还必须具备一项条件就是损害相对于受害人来讲必须具有不利性特点，也就是说受害人的财产或者人身利益因侵权行为而出现了减量，这种减量在财产方面表现为利益的减少或丧失，在人身方面表现为一定的负面评价、精神痛苦等，而对于不利标准的判断一般则是以常识为依据，并无法律上的明确规定。

主观意义上的损害是指法律上的损害概念，它是以客观上的损害概念为基础的，界定主观的损害概念，必须首先对损失与损害进行区分。损失与损害之间的关系一直是理论界的焦点问题，有学者认为损害是损失的上位概念，对财产方面的损害一般以损失称之，而非财产性损害则不能用损失称之，因为损失是按照市场标准进行完全赔偿的，而损害则不能以市场标准进行衡量。[1]还有学者的观点恰恰相反，认为损失是损害的上位概念。[2]更有学者将损失与损害等同视之，损失就是损害，损害也就是损失。[3]损失与损害确实是不同的概念，损害隶属于损失的范围。损失本身是一个中性词，不带有任何主观色彩，损害却是一个贬义词，带有否定性色彩。损失较之损害而言是一个更宽泛的概念，而损害事实上表达了立法者的一种否定性评价。或者可以这样说，损害是立法者对客观损失的法律评价，它表征着立法者对损失的价值判断。当然这种价值判断并不是针对损失本身进行的，它是对产生损失的原因所进行的评判。但是正如前文所论述的那样，法律也并非会对实际生活中所产生的所有损失都给予否定性评价，这在事实上还要求这种损失须达致法律所要求的一定的界限，也就是损失的程度足以满足法律的标准，此时才是我们所说的损害。正是从这一角度讲，我们认为损失与损害是包含与被包含的关系。客观层面的损害事实上也可以称之为损失，而法律层面的损害则暗含了立法者的主观意志因素。损失一般仅仅表现为不利后果或者称之为不利益，而损害则除了表现为不利益之外，尚需要损失达致一定程度和对达致这种程度的不利益的否定性评价标准。这些立法者的主观的否定性评价标准指的就是对损害原因的分析与判断。因此，也可以说损害本身确实是一种客观事实，但是进入法律视野中的损害则蕴含了立法者的主观价值判断。

从以上分析可以看出，损害是法律中的术语或者说是概念，具体来说应该是侵权责任法中的概念。虽然在各学者有关损害的界定中并未言明损害的客观性，但是在对损害的分类中倾向于将损害的客观现实性作为其本质特征来把握，《法国民法典》与《德国民法典》也从现实损害的角度来把握侵权行为与损害赔偿责任的，然而这种对损害的界定真的能涵盖侵权行为所产生的一切后果吗？那么高度危险作业行为所产生的严重威胁如何界定？这个要从侵权行为的结果来论证，一般认为侵权行为所产生的后果有三种：损害、损害威胁、实质妨碍，学界称之为侵害结果，虽然从词义的角度来讲损害一词很难包含严重阻碍的含义，然而在习惯中，我们已经将侵害后果统称为损害，因此在此处我们将对损害做扩张解释，从侵权行为的后果的角度来界定。所谓损害是指侵权行为所造成的现实损失、损失威胁以及实质妨碍等不利益状态。

[1] 王利明.侵权责任法研究（下）[M].北京：中国人民大学出版社，2010：305.
[2] 法因斯坦.社会主义组织之间的合同责任[M].北京：法律出版社，1984：42-45.
[3] 佟柔.民法原理[M].北京：法律出版社，1986：240.

2.生态损害的界定

生态损害是一种新型的损害形态，我国理论界与实务界均未对其做出明确的规定，但通过国外相关概念的考察可以看出，生态损害乃是对生态环境本身所造成的损害，也就是一般而言的"纯环境损害""纯自然损害"。通常来说，污染与破坏环境的行为会产生两种后果，一是对环境本身造成的损害，另一种是通过环境这种媒介而对财产、人身以及人的精神所产生的损害，这在本质上是两种不同的损害形态，第一种即是我们所说的生态损害。一般而言两者应该是具有先后的顺序关系的，或者可以说是因果关系。只有在第一种损害发生并继续发展的情况下才有可能造成民事主体的财产、人身损失。也就是说，事实上并非所有的危害环境的行为都会产生这两种损害后果，也完全有可能只造成了生态损害而并未发生第二种损害。然而，传统侵权法一直将注意力放在第二种损害之上，生态损害却并未引起立法者的关注。其实《1992年国际油污损害民事责任公约》和1993年的《卢加诺公约》中，环境损害就包含了上述两种损害的含义。而《欧盟环境责任指令》中的环境损害则是指生态损害。可见与生态损害最为密切的概念乃为环境损害，从目前的立法和理论中我们可以看出，环境损害本身就含有生态损害的含义。然而环境损害的传统概念突出强调了环境污染与破坏对民事主体所造成的损害，即环境民事侵权损害。因此，为了凸显生态损害的重要性以及预防救济的紧迫性，这里我们用生态损害一词来表征环境侵害行为对生态环境本身所造成的损害。

（1）生态损害概念的立法表述。我国学者一般都是从媒介的角度定义生态损害的，在这种定义模式中，生态损害只是环境侵害行为对民事主体的民事权利和利益造成损害的一种媒介，其关注的焦点并不是生态损害，而是对民事主体私人人身财产权利的周延性保护问题，在救济上也鲜少涉及生态环境的补偿和修复问题。因而这种对生态损害的概念的界定方式已经不能适应时代的发展而逐渐地被淘汰了，越来越多的人倾向于采取直接的方法来定义生态损害，我国《海洋环境保护法》首次从立法上对海洋生态损害做了界定，[1]并把海洋生态环境作为海洋污染损害的直接客体对待，然而这一定义将对人体造成的损害与生态环境损害放在一起，在某种程度上就降低了对生态损害的关注度。《欧盟环境责任指令》以生态学为切入口，对生态损害进行了直接而具体的规定，环境损害指的是对受保护的物种与栖息地、水资源、土地资源的损害。英国在2009年的《环境损害赔偿规则》中所确立的环境损害的范围与《欧盟环境责任指令》大体相当。2007年德国《环境责任法》中也规定了环境损害，但是其所指的环境损害则分别规定在《联邦自然资源保护法》《联邦水资源法》《联邦土壤法》中，德国立法将损害界定为对上述自然资源所造成的负面的影响或者损伤，且这种影响和损伤应当是可以测量的。这种对生态损害的界定方法是从生态学角度进行的，对生态的关注缺乏整体观念，仅仅是着眼于生态系统的组成部分，比如水资源、土壤资源等等。这使得生态损害的法律概念在客体方面出现了偏差。《1992年国际油污损害民事责任公约》、2001年的《国际燃油污染损害民事责任公约》、1996年的《国际海上运输有害有毒物质的损害责任和赔偿公约》并没有对生态损害进行单独的规定，而是将其与财产损害、人身损害放在一起进行

---

[1]《中华人民共和国海洋环境保护法》第九十五条第一款：海洋环境污染损害，是指直接或者间接地把物质或者能量引入海洋环境，产生损害海洋生物资源、危害人体健康、妨害渔业和海上其他合法活动、损害海水使用素质和减损环境质量等有害影响。

概括性立法。美国《油污法》也采取了此种界定方式，规定："因自然资源的毁坏、破坏、损失或失去其用途而遭受的损害，包括评估损害的合理费用。"这种对生态损害的界定方式主要是因为无法用市场标准来衡量某些自然资源的价值，不得已将生态损害转化为预防生态损害所花费的费用或者是恢复生态损害之前所需的费用。从本质上来说这并非是对生态损害概念的界定，而是对生态损害赔偿范围的限定。

（2）生态损害的概念界定。国际公约及各国立法上对生态损害概念的界定，或多或少都存在某些缺陷与不足，究其原因就在于没有全面地看待生态损害。生态损害的界定应当是从法律的视角对生态学意义上的生态损害进行归纳和总结，生态损害必须是以生态学的界定为基础的，同时应当将其与法律相结合，成为法律视野中的概念。正因为如此，我们必须对生态损害的生态学与法学特征进行论证。从生态学角度来讲，首先生态损害一般是由环境污染与破坏行为造成的，环境污染行为是指向环境中排放污染环境的物质与能量的行为，如典型的废气、废水的排放行为。而人类在开发自然资源过程中所造成的损害则是一种环境破坏行为，乱砍盗伐、兴建水利工程等均是环境破坏行为。其次生态系统是一个范围不确定的概念，既可以将整个地球视为一个生态系统，也可以将某一区域视为一个生态系统，同时生态系统本身又可以分为生物系统和非生物系统。与此相对应，生态损害也可以划分成不同的类型，对生态系统的损害，或者是对构成生态系统的自然要素的损害。生态系统是指生物与非生物之间物质循环与能量交换的过程，各生物之间以及生物与非生物之间的作用与影响是相互的，生态系统是一个统一的动态的整体，它能够自我调节与控制并不断自我更新。在生态系统中提供能量的是生产者，比如绿色植物，消耗能量的被称为消费者，比如动物，还有一种存在就是分解者，比如真菌。在结构上，生态系统由物质、营养、空间与时间四种结构组成。生态系统的各成员之间各司其职，使生态系统的物质生产与交换、能量流动与循环处于一种平衡状态，生态系统是否处于平衡状态一般就从生态系统的结构与功能是否完整、物质生产与能量消耗是否平衡以及能否自我调节与恢复来看的。如果处于不平衡的状态，就是我们所称的生态损害。也就是说，我们说的生态损害其实就是指环境污染与破坏行为所导致的生态系统的失衡，从结构上来说，生态系统的损害有一级损害与二级损害之分，所谓一级生态结构损害是指生态系统的物质、营养、空间以及时间四种结构中的某一种或者几种遭到破坏而导致的生态失衡。二级结构损害则是指生态系统中的生产者和消费者以及分解者、非生物等成员的变化所导致的生态系统的失衡，这种失衡往往是比较严重的，会导致整个生态系统的崩溃。从功能上来讲，生态损害主要是指对生态系统功能的损害，具体来说是指其物质循环与能量流动的不畅通。生态损害也可以指对生态系统组成部分的损害，比如生物物种、水资源、土壤资源、植被损害等。生物物种的损害是指对生态系统的生物物种所造成的污染与破坏，这种损害可能是生物物种数量的减少或者灭失、生物结构的变化，也可能是生态功能受影响。水资源损害一般是指对水结构本身在数量、质量等方面所引起的变化，最终导致生态功能受到影响。土壤资源损害则是指对土壤肥力所造成的损害，进而影响土壤生态功能的发挥，土壤环境的退化将对依赖于其生存的生物与微生物产生重要影响，并直接威胁人类的生存与发展。植被损害一般是指对植被面积、种类、功能所造成的负面影响，比如乱砍盗伐、盲目开垦所造成的森林、草原等植被面积的减少，造成了水土流失，栖息动物流离失所，导致了生态系统功能的严重破坏。最后就是生态损害的程度界定，也就是说，对生态平衡的破坏达致何种程度才能将其纳入法律规范之中。从各国立法来看，生态损害的范围，不仅包括实际损害，同时也包括重大的危险行为。这种危险行为一般是指虽然还没有造成事实上的损害，但是对生态系统的平衡有严重威胁的行为。实际损害是指对生态系统及其组成部分实际造成的不利影响，生态损害的重大危险行为则必须具备紧迫性，即虽未造成实际损害，但实际损害的发生在短时间之内将会出现则是毋庸置疑的。德国、英国在立法中都做了类似的规定，美国则以实际案例对此种损害进行了确认。可以说地球是个统一的生态系统，在这个系统中又存在着不同的子系统，并且各物种在各生态系统中的作用也是不同的，对有些物种的损害会影响整个生态系统功能的发挥，而对某些物种的破坏则可以通过生态系统的自我调节与恢复功能解决。我们所说的生态损害当然是就前者而言的，只有对生态系统的平衡造成严重损害或者有严重损害之虞，而使得生态系统的功能丧失或者有丧失的危险时才是我们所说的生态损害。

法律意义上的损害则不同，在法律视角下的损害一般是指对法律所保护的权利与利益的损害。法学界对于损害的本质的争论一直存在两种观点，一种是"利益说"，德国学者麦蒙森一直以来被视为该学说的创始人，但实际上，法国民法典更早地从立法上确认了这一学说。在麦蒙森看来，损害实际上就是侵权行为在被害人与损害事实之间所产生的一种利害关系，进而造成了受害人的利益损失，对事实发生前后的利益状态进行比较，其中的差额即为受害人的损害，正因为如此，也有人将这种观点称为"差额说"。"利益说"将损害与不利益等同起来，由于利益是可计算的，事实上是对损害进行了量化。通过比较，损害发生后的财产状况较之发生前如果出现差额，则此差额乃为损害的具体数额，如果没有变化，则没有造成损害。持"利益说"的德国学者中还有另一种观点用因果关系理论来确定损害赔偿的范围，[1]即不具备因果关系的损害并不是法律意义上的损害，因此此种学说又被称为等价因果关系说。"利益说"是德国损害理论的主流学说，德国的损害赔偿责任，完全赔偿是一项基本原则，按照此项原则，对侵权行为所造成的不利益都应该进行赔偿。另外一种观点是"组织说"，德国学者欧特曼率先创设了这一学说，在这一学说中的损害被界定为财产组织结构的变化以及身体伤害等不利益状态。[2]私法主体财产组织结构的变化变现为对其财产构成成分的剥夺或者毁损，这种损害的确定一般需要进行利益衡量，对于客观造成的损害小于利益衡量后的差额部分，被害人仍然可以主张。不论是哪种学说，法律意义上的损害指向的对象都是法律所保护的权益。损害包括事实上的损害与法律上的损害，事实上的损害不纳入法律保护的视野则无法得到损害赔偿。而事实上的损害跃升为法律意义上的损害的关键就在于如何将损害的客体（利益）上升为法律保护的客体（权利或法益）。就生态损害而言，其客体乃为生态利益，生态利益成为法律保护的利益，那么对其造成的损害才是法律意义上的生态损害。因此生态损害可以界定为，环境污染与破坏行为引起的生态系统失衡对生态利益所造成的不利益的法律状态。

3.环境人格权损害

利益源于人类的某种需求，当这种需求足够强烈时经过正当性评价之后就可以上

[1] 梅迪库斯. 德国债法总论[M]. 杜景林，卢谌，译. 北京：法律出版社：438.

[2] 曾世雄. 损害赔偿法原理[M]. 北京：中国政法大学出版社，2001：124.

升为法律所保护的群利或者是利益，生态利益具有多层次性，生态安全利益是第一层次的利益需要，生态系统的平衡是人类生存与发展的前提和基础，从心理学的角度来讲他所满足的是人类安全的需要，在此基础上还会产生生态人格利益，即享受这种舒适安全的良好环境的精神需求。环境人格权正是此种生态利益类型化的产物。因此生态损害与环境人格权损害就产生了一定的关联性，破坏生态系统的平衡所造成的生态损害无论是从整体生态系统来讲还是从生态系统的子系统来讲都会对环境的舒适性产生负面影响，进而对人的环境人格利益产生损害。事实上人类对环境舒适性的精神需求本身就是从生态系统的整体功能来讲的，清洁水权、清洁空气权以及阳光权等具体环境人格权所对应的才是生态系统的子系统。一般而言，生态损害与环境人格权损害是包含与被包含的关系。环境人格权从本质上来讲是一种精神性人格权利，因此其损害的认定也与物质性损害存在根本不同，它无法采用市场方式进行估价，也很难进行量化。精神损害的认定需要从主客观两个方面进行，客观上的精神损害是指确定其程度的客观标准，这种客观标准是以抽象的理性人的感受作为尺度进行衡量的，他在遭受侵权后的感受和反应是判断精神损害程度的参照标准。主观标准则是指判断精神损害严重程度的主观标准，这些标准可能会根据案件的具体情况来确定，但是一般来讲，它主要考察受害人受害前后精神状况的差异，尤其是关注其受害前的精神状况以及抗打击的能力，同时其痛苦程度也是需要考虑的因素。可见对精神损害的严重程度并没有明确而具体的主客观标准，事实上需要法官在个案中进行具体衡量。因此精神损害是指自然人因其人格权受到侵害所产生的精神痛苦。环境人格权损害是指法律所保护的人格权受到损害所产生的一种精神损失，这里需要强调的是侵害环境人格权也可能造成自然人身体、健康、生命等方面的实际的损害，但是此时损害后果发生竞合，自然可以对身体权、健康权、生命权等人格权进行救济，而无须主张环境人格权损害赔偿。环境人格权损害从本质上来说，就是对自然环境舒适性的损害，是自然人精神利益的损失。它同样是以生态环境为媒介和基础所产生的权利形态，它与一般意义的环境侵权损害有所不同，传统环境侵权视角下的损害一般是指环境污染与破坏行为首先是对生态环境造成损害，进而侵害了自然人的人身、财产权利，从某种程度上来讲，这种损害指的是一种实际损害。换一种表述方法就是说无论对生态环境造成多么严重的影响，只要没有对人的身体、生命、健康以及财产造成损害就无法获得侵权责任法的救济，也就不是侵权责任法意义上的损害。环境人格权损害同样以生态环境为媒介，但是它并不要求实际损害后果的出现，它参照一定的技术指标与标准，只要对生态损害达致一定程度，严重影响环境的舒适程度或者有严重影响环境舒适程度的危险时，即可构成损害。或者可以这样理解环境人格权损害，它是生态损害的组成部分，是对生态精神利益所造成的损害。它的损害程度的判断与一般的精神损害的标准并不相同，前文所述的精神损害程度的判断标准是模糊和不确定的，而环境人格权损害程度的判断标准则是具体的可以量化的，以清洁空气权而言，所谓清洁空气应当是达到一定技术标准以上的空气状态，在这种空气状态中生活不致影响人的健康和对环境舒适度的要求，同时也考虑到了空气的自我调节与恢复能力。因此环境人格权损害事实上依赖于科学技术的发展与进步，其损害程度的确定在某种程度上来说是明确的。我们仍需注意的问题是，人类的生产生活必然会对生态环境造成一定的污染和破坏，但是只要不超过一定的界限，我们便负有容忍义务。这一界限的标准应当从人与生态环境两个方面进行界定。从人自身来讲就是此种行为不能对人的生命、身体、健康造成损害或者损害的威胁，这是影响人类生存与种族繁衍的底线。从生态环境的角度来讲，环境污染与破坏行为不能对生态环境的结构与功能构成妨碍，使其难以自行恢复。这两种标准是一种并列关系，只要超出了任何一种界限，我们就认为构成了法律意义上的损害，便可以寻求法律救济。

总之，对于人类来讲，生态系统的平衡不仅会产生生态安全价值，同时也会产生生态精神价值，这两种价值都是依存于生态系统的，是在环境问题日益严重的过程中逐渐被认识和发现的。因此生态损害事实上构成了对生态安全利益和精神利益的共同损害。但是由于生态利益是一个模糊和不确定的概念，其内涵范围过于宽泛，因此应当对其进行具体的制度设计。环境人格利益事实上就是生态利益的一种，因此环境人格权损害与生态损害相比既有共性，又有自己的特性，我们应当将生态损害与环境人格权损害结合起来进行分析，确定环境人格权损害的相对具体的法律标准。

（二）环境人格权损害评估

生态损害与环境人格权损害具有一定的共性，环境人格权损害范围与程度的确定也需要进行相应的评估。

1.生态损害评估

生态损害评估是指采取一定的科学技术方法对生态污染和破坏行为所造成的损害进行的量化过程。生态损害评估依据不同的标准可以分为若干个类型。从广义的角度来讲，生态损害评估范围包括人身损害、财产损害以及生态环境自身的损害，甚至包含了一些间接损失，比如影响损害，还有生态环境的修复费用以及应急处置费用和调查评估费用，从生态损害的定义来看，生态损害评估范围应当是指对生态环境自身的损害以及生态环境修复费用等。本文仅从狭义的角度来理解生态损害评估制度。完整的生态损害评估制度需要有相对完善的法律规范、先进的评估技术及相对较强的环境保护意识，法律规范是进行生态损害评估的基础，它以法律形式明确了权利义务关系，进一步确定生态损害赔偿方式和方法，是进行生态损害评估的前提和基础。本文正是从法律角度对生态损害评估制度进行的探讨，借此推动生态损害法律制度的发展。

（1）生态环境的损失构成。自然环境的经济价值一直以来是人类所关注的焦点，对自然资源的争夺也主要体现为对其经济价值的认可。然而，片面地追求经济价值造成了严重的生态危机，人们才逐渐认识到我们在获取自然资源的经济价值的同时，每时每刻也都在享受着大自然所提供的舒适环境，即自然环境的生态价值。早在1967年的时候，就有人将环境资源的价值分为资源性价值和舒适性价值两种，并从理论上对环境资源的舒适性价值及其评估问题进行了论证，[1]完善了环境资源的价值理论。在国外，关于环境价值主要有两种分类方法：一是采取总分的方式，在整体上将自然环境的价值称为环境资源的总价值，由使用价值和非使用价值组成，使用价值又由直接、间接、选择三种价值组成，非使用价值包括存在和遗赠价值；另一种分类是将自然环境的价值分为有形的

---

[1] 美国未来资源研究所的经济学家克鲁蒂拉。他于 1967 年发表论文《自然保护的再认识》和专著《自然资源保护的再思考》，提出"舒适性资源的经济价值理论"，并与费舍尔合著《自然环境经济学：商品性和舒适性资源价值理论》，将环境资源分为商品性资源和舒适性资源。

商品价值和无形的舒适价值。生态损失因此也可以分为使用价值的损失和非使用价值的损失。就使用价值的损失而言，它主要是指资源性损失，其一般表现为资源短缺与处理费用的增加等，进而影响人们的社会经济生活。因此这种损失的评估所依据的就是成本的增加及产品质量的减少等。非使用价值的损失一般是指环境资源的生态价值的损害。舒适的生态环境也是一种价值，通过保持生态功能平衡为人类提供享受、审美等服务价值，换句话说，其存在本身就是一种价值。因此对于生态价值的损害评估主要是评估生态功能的恢复所需要的费用。

（2）生态评估方法。若想对生态损害所造成的损失进行填补，必须对损害做出可以量化的评估。生态损害所造成的损失分为资源损失以及资源修复费用两种，资源损失又可以分为永久性损失和可恢复性损失。一般来讲永久性损失是指环境的资源价值以及舒适价值永久性丧失，难以恢复或者可以说是不能再恢复，可恢复性损失一般是指对生态系统功能所造成的影响是暂时的，假以时日或者采取一定手段与措施之后是可以恢复到损害之前状态的。这种资源性损失最常见的如水资源损失、土地资源损失、大气资源损失及野生动植物资源损失等。可恢复的损失一般来讲分为自动恢复和被动恢复两种，在被动恢复过程中自然要付出一定的成本和代价，根据环境要素的不同，这种修复费用可以分为水资源修复费用、土地资源修复费用、大气资源修复费用及野生动植物修复费用，等等。但是由于环境资源的生态价值没有市场价值，因此其评估方法的选择就显得尤为重要。一般来说，评价生态损害的损失主要有三种方法：一是市场直接评价法，这种方法是指生态损害会对与其密切相关的产品或者服务造成影响，以此类产品或者服务的市场计量作为标准来确定生态损失。这一方法又可细分为若干详细的评估方法，比如依据生态损害所造成的产品产量与质量及利润的变化，可以计算出经济效益损失的市场价值法，在评估大气资源损害、水资源损害和土壤资源损害时常采用此种方法。再比如恢复费用法，其评估方式是将防护以及修复环境损害发生的费用作为生态损失来计算的，在大气污染防治中，将达到预期治理目标所需的费用作为大气资源污染的经济价值。这种方法事实上是对环境污染所造成的生态损失最保守的估算，接近防护成本。恢复费用法中还有一种方法被称为影子工程法，它是在某一生态损害形成之后，假设人工建造具有相同功能的生态环境所需要的费用，就是生态损失的市场价值，因此此种方法又被称为重新安置成本法。还有一种市场直接评价法称为机会成本法，就一种自然资源而言其实有多重利用方案，毫无疑问，这些方案不是兼容的而是相互排斥的，因此一旦选择其中一种方案就意味着放弃了其他方案，在其他方案中的效益最大者就是选择方案的机会成本。二是所谓的揭示偏好法，它是在研究人们购买与环境质量密切相关的产品的意愿基础上，总结人们对环境的偏爱和喜好，以一种推断的方法来计量环境质量变化的经济价值。这同样是一种概括型的方法，包含了多种具体的计算方式，这里主要介绍三种方法。首先是资产品质评价法，该方法是通过市场调查的方式，对与环境质量密切相关的产品质量和价格与环境质量之间的关系进行数学分析，得出二者之间的数量关系，进而评估出环境质量的经济价值。第二种解释偏好法是防护费用支出法，它是指人们为了避免环境质量恶化所造成的损害所花的实际的费用，间接计算出环境污染的经济损失。比如人们为了避免喝受到污染的自然水而购买桶装水就可以评估出水质量恶化的经济损失。第三种是旅游费用法，这一方法主要用于评估对没有市场价格的自然景点所造成的损害。该种方法需要对有旅游意愿的人进行问卷调查获取相关信息，然后根据相关资料和问卷调查结果分析得出环境污染所造成的经济损失。三是陈述偏好法，它是通过社会调查的方式，分析人们对环境质量的支付意愿，进而评估出其市场价值。这一方法很少单独使用，一般都与前述方法比如旅游费用法配套使用。

由于生态损害的后果具有多样性，表现不同，评估方法也不同。因此在生态损害后果的评估方面必须认真甄别与选择，科学地选择具有可操作性的、尽量简明的评估方法，同时应当遵守法律的相关规定。[1]这是计算环境污染与破坏行为所造成的经济损失的第一步。

（3）生态损害评估程序。生态损害评估机构应当是具有资质的独立的服务性的中介组织，具有专业的从业人员，不依附于任何单位和组织，因此可以做出权威的鉴定结果和结论。一般来说，评估机构的设置主要有三种模式可供选择，第一种是行政模式，即作为行政体系机构中的组成部分来设立，具体来讲是在环境保护行政主管部门内部设立。第二种是社会化模式，也就是说设立完全独立于行政机关的生态损害评估机构，这是未来社会发展的趋势和必然选择。第三种是一种过渡模式，即由第一种模式逐步过渡到第二种模式的"阶段性社会化模式"。第三种模式比较适合我国现在的国情。应首先在环境保护行政主管部门的内部设立生态损害评估机构，待到时机成熟之后再逐步实现社会化。生态损害评估是一项非常专业的工作，国家应当加大监管力度，实行市场准入制度，评估机构的设立应当经过行政部门的专业审查，在审查合格之后方可在相应范围从事专业鉴定工作。从法律角度来讲，生态损害评估机构应当是法人，必须具备法人应当具有的条件，同时应当配备专职技术人员及精通法学、生态学、物理、化学、数学、环境监测等方面的专家，具有先进的专业仪器设备、现代化的数字处理能力与档案管理能力等。对于评估机构的从业人员则要求具有极强的专业知识背景、丰富的实践经验和良好的个人素养，生态损害评估是涉及多个学科多个领域的工作，因此在人员配备方面应力求全面，并且应具备团队合作意识，客观中立地进行评估工作。评估程序的启动应当有委托才行，至于委托的主体则应区分不同情况进行设定。普通民事权益纠纷，本着"谁主张谁举证"的原则，由负有举证责任的一方申请评估鉴定。也就是说，普通生态损害的评估鉴定工作应当由利益相关的当事人启动。突发或者重大的生态损害评估的启动除了利益相关者可以启动之外，环境保护行政主管部门也具有启动资格，对于政府来讲，对此等损害进行评估应当是一项义务，必须作为。当然，并不是任何的环境污染与损害都得启动评估程序，只有损害达致法律要求的标准时，才具有进行评估的价值和意义。生态损害评估工作首先应当进行现场调查和信息的收集与整理，通过调查工作，了解生态损害发生的时间、地点、经过等相关因素，确定造成损害的范围和主体，并根据调查结果选择恰当的评估方法，制订评估工作计划和实施策略、纲要等。然后进入生态损害评估阶段，根据调查的结果确定生态损害的市场价值。在这一过程中还应区分生态损害是永久性的还是暂时性的，简单来讲，应当对生态损害是否能够恢复进行区分。对于永久性的损害只需筛选出恰当的方法计算出损失的经济价值即可，而对于可以恢复

---

[1] 我国《农业环境污染事故经济损失评估准则》（NY1263-2007）、《渔业污染事故经济损失计算方法》（GB/T 21678-2008）对生态损害的评估有规范性的规定。

的生态损害则还要对其恢复费用进行量化,并选择恢复的途径和方法,不同方法所产生的生态效益都需要进行论证,并且在方案实施后能够保障恢复到之前没有受到生态损害的状态。最后的工作即是编写生态损害评估报告,生态损害评估报告由三部分组成,第一部分为前言,在这一部分中主要论述了生态损害地区的自然和经济、污染事故及其处置,以及现场调查的基本情况;第二部分为主体,这一部分是评估工作的核心工作,主要涉及评估的原则、范围、方法、法律规范与技术规范、预期效果,以及最终的评估结论等;第三部分为附件,这一部分主要是有关评估机构、评估专业人员、授权委托书,以及收集到的相关材料,等等。

2.环境人格权损害评估

从前文的论述中,我们可以看出环境人格权损害属于生态损害的组成部分,对环境资源生态系统功能的损害也包含了对环境人格权的损害,因此生态损害评估中所得出的市场价值中必然含有环境人格权损害的部分。尤其是对环境资源的舒适性所造成的损害事实上就是损害了人的环境人格利益。环境资源的舒适性产生的前提是生态系统的平衡,而生态系统是否能够处于平衡状态主要是从生态系统的功能和结构等方面进行考量的。更为直接一点说,环境的舒适性源于生态系统的平衡,而对生态系统平衡的破坏就必然会损害环境的舒适性。对生态系统本身所产生的损害也必然损害了环境人格利益。无论是生态系统从整体上来讲的功能障碍、结构失调,还是从环境要素角度来讲,对大气、水、土壤、动植物物种资源的污染和破坏,都必然会对环境的舒适性产生影响,侵害人的环境人格利益。然而环境的舒适性是一种主观感受,因人而异。因此对于此种损害而言,其损害的标准看起来很抽象,甚至可以说,很难确立一种标准来确定不同的舒适度。然而认真分析环境资源的舒适性就能发现,如果说这种舒适性源于生态系统的平衡,那么我们就可以认为,只要是生态系统达致平衡状态,那么就可以认为环境资源的舒适性功能已经产生了。这样一种思路,使得我们豁然开朗,对于环境人格权损害来讲,其损害评估与生态损害评估一样可以转化为经济价值来计算的。同时前文对生态损害评估所使用的方式方法,在环境人格权损害评估当中都可以使用。其实,从本质上来说,环境人格权损害评估就是一种生态评估。虽然说环境资源的舒适性价值通常来说是无法用货币来衡量的,然而从法律的角度来讲,其一旦遭到破坏,就应当确立补救的方法和标准,这种方法和标准就是通过一定的方法进行量化。对环境资源的舒适性所造成的损害也可以分为永久性损害和暂时性损害两种,永久性损害具有不可恢复性,基于其上所产生的环境人格利益将会永久性丧失,暂时性损害则是可以恢复的,一般而言,从法律上来讲的暂时性损害都是指那些无法依靠自身的自净能力恢复生态系统的平衡的情形,需要辅之以人工手段。也就是说,环境人格权损害同样可以分为对生态资源本身的损害以及对生态系统功能的损害,环境人格权的损害评估也是针对这两种损害进行的。因此可以看出,环境人格权损害评估与生态损害评估的范围是一致的,生态损害评估的方法、程序、规则、评估结果均可适用于环境人格权损害评估。

总而言之,生态利益是产生于生态系统平衡之上的复合型利益,包括了生态安全利益、生态人格利益等各种生态环境利益。而法律视角下的生态损害及其评估制度正是针对此种复合型利益设计的,因此,完全可以适用于环境人格权损害及其评估。环境人格权损害评估制度完全没有必要另辟蹊径,借助于日益成熟的生态损害评估,就可以对环境人格权损害进行评估，为环境人格权损害的救济提供技术前提和法律支撑。

（三）环境人格权损害的侵权责任

环境人格权是一类精神性人格权，这是一种带有公益性的新型私法权利。传统的侵权责任法中的救济责任当然适用于环境人格权，然而环境人格权的特殊性使其在救济方式上仍有许多独特之处。

1.预防性损害赔偿

预防性损害赔偿是指为预防环境人格权损害的发生或者扩大而支出的合理的费用。在环境人格权损害中，由于以生态环境为媒介进而对人对环境的舒适性要求产生影响，这种严重的损害后果一般来说是很难补救的，因此预防此种损害的发生就显得尤为重要。当然这种责任方式的运用需要有严格的限制，首先是损害危险的客观真实性，发生环境人格权损害的危险必须是现实存在的，不能是虚构的或者是猜测的。其次，即使确实存在危险，对预防危险的费用也要进行必要的限制。但是这种限制不以危险是否实际发生作为判断的依据，无论损害结果是否发生，只要以一个理性人的基本标准能够判断出危险的存在并在此种情况下采取合理措施进行了预防，其所发生的费用就能够获得损害赔偿。这里还需注意的是，所谓的预防性损害赔偿是指环境污染与破坏行为已经存在，但是损害结果尚未发生，仅仅存在发生损害后果的危险性。比如工业废水排放到河水中，因为河水有一定的自净能力，且废水中的有害物质作用于河水并产生一定的损害后果需要经过一段时间，但在实际损害发生之前所采取的预防损害发生的费用，就可以获得预防性损害赔偿。当然，对危险性的判断在某种情况下并不容易，但是环境信息的公开将为人们提供科学技术方面的支持。这里对预防性损害要做广义的解释，它不仅仅是指实际损害没有发生之前的预防，同时还指在损害发生之后，为了防止损害的进一步扩大或者继续恶化而采取的措施，均可以被称为预防性措施。

预防费用是指为了预防损害的发生或者扩大采取措施所花费的合理费用。比如收集污染信息所发生的费用、清理污染场所的费用、处置污染垃圾的费用，等等。很多国家的立法中都对预防措施做了规定，[1]尤其是在生态损害发展较为成熟的海洋油污领域，预防费用的设置就更为全面和具体。值得一提的是，在各国立法及国际条约中都将预防措施的采取作为一项义务赋予责任人或者政府，《欧盟环境责任指令》中就规定责任人与环保主管机构为采取预防措施的主体。责任人负有向主管部门报告并采取预防措施的义务，政府指导或者可以亲自实施预防措施，但费用需要由责任人承担。笔者以为将上

---

[1] 《92年油污公约》预防措施费用包括从构成严重污染威胁的失事油轮中移去残油（货油及燃料）而支付的费用，也包括采取海上、沿海及岸上清理措施而支付的费用。处置回收的溢油及油渣所需费用及由预防措施造成的进一步的损失或损害。责任人需要对采取预防措施所花费的费用以及由于采取预防措施而造成的进一步灭失或损害承担赔偿责任。《欧盟环境责任指令》仅对预防措施的概念及实施做了概括性的界定，而未对预防措施所包含的种类做出具体规定。指令第2条规定，预防措施是指，因事故、作为或者不作为对环境造成了巨大威胁的情况下，为了避免损害的发生或者将损害减少到最小程度所采取的任何措施。美国1990年的《油污法》将清污费用单独列出，该法第1001条第30款及31款分别对清理措施和清理费用的概念做了界定，清理措施指的是将油污或者有害物质从水中以及海岸线上移除，或者采取其他必要的措施以减少或减轻污染物质对公共卫生或福利的损害，包括但不限于鱼类、贝类、野生动物类，公共及私有财产，海岸线及海滨。清理费用指的是，溢油发生后因采取清除清理措施所花费的费用，或者在任何溢油事故对生态环境造成了实质性危险的情况下，采取其他措施以阻止、减少或减轻污染所花费的费用。

述二者作为义务主体进行立法并无不可，因为责任人是对事故最为了解的主体，由其采取预防措施将达到事半功倍的效果，且责任人基于自身利益的考量也必须主动采取措施防止损害的发生或者遏制损害的扩大。政府作为主体是考虑到生态损害的公益性特征，政府作为公共利益的代表，有责任和义务监督和指导责任人采取预防措施，在责任人因客观原因不能采取预防措施或者主观拒绝采取预防措施的情况下，政府理应承担实施预防措施的义务，而不能置之不理。但是，从私法角度来考量，笔者以为可能受到损害威胁以及已经遭受损害的私法主体，也有权利采取预防措施，防止危害的发生或者进一步恶化。姑且从生态保护的理念来讲，人人都有责任和义务保护环境，但从私法的角度来说，当损害的威胁近在眼前或者损害已经发生的情况下，私法主体为了避免个人的人身、财产遭受进一步的损害而积极采取的预防性措施所发生的费用，从因果关系的角度来讲应当获得赔偿。当然在私法领域对于此种费用的支出应当做严格的限制，最起码要求其确实达到了避免其人身、财产损害的目的或者效果，才能获得赔偿。本书也主要是从这一角度进行的探讨。当然政府采取预防措施所发生的费用由责任人来承担，二者之间也是私法关系，同样可以依据侵权责任法获得有效救济。从法律效果来讲，赋予私人主体这样一种权利，激励私人主体采取积极的态度来应对环境人格权损害问题，对于生态保护而言是有百利而无一害的。

2.恢复性损害赔偿

恢复性损害赔偿是针对生态损害而言的，它事实上就是指生态系统的"恢复原状"。从法律上来讲，对恢复结果的要求一般是指恢复到损害未发生时的应有状态，而并非原有状态。但是由于生态损害与普通民事损害不同，可能会严重影响人的身体和健康，威胁人类社会的生存与发展，因此对于此等损害应提出更高的要求，即达到原有状态的标准。《欧盟环境责任指令》和德国的《环境责任法》中恢复原状的标准就要求达到损害没有发生时的状态。目前很多国家都以此为标准，将生态损害恢复原状的费用作为一种损害赔偿的计算方法，由环境污染与破坏的责任人承担赔偿责任。在生态损害恢复原状过程中主要会产生三种费用：

（1）评估费。它是指评估损害所支出的费用。在生态损害发生之后，依据前文的论述需要进行损害评估，以量化生态损失的市场价值。在评估过程中，需要聘请专业的评估机构进行现场调查、实地勘验、资料的收集和整理、分析与演算，这些都需要按照市场规则支付劳动报酬，也是评估费用的主要组成部分。

（2）恢复费。这一费用主要用来将生态损害恢复至原有状态所需的费用，如果是不可逆的生态损害则是指使用替代资源所需的费用。与此相对应的恢复措施有两种：直接恢复措施与替代恢复措施，美国《油污法》对恢复措施的规定非常详尽，它将直接恢复措施与替代恢复措施做了更为详尽的划分，直接恢复措施分为恢复与修复两类，恢复是指将生态损害恢复至原有状态，修复的要求则更高一些，要求生态系统修复后的功能比损害之前更好，更加有利于人类的生存与发展。替代措施也分为两类：受损生态环境的替代方法和受损生态环境的同等价值获取法。受损生态环境的替代方法顾名思义，就是以功能相同的生态环境替代受损的生态环境，动物栖息地受损之后经常采取此类方法，寻找生态功能和服务相同的生态环境，并进行相应改造。受损生态环境的同等价值获取法是以与受损生态环境同等价值的环境资源获取的权益来阻止未来损害的发生。恢复费用主要用于这些恢复措施，责任人需要就这些费用承担赔偿责任。

3.惩罚性损害赔偿

惩罚性损害赔偿是一项带有惩罚性质的民事责任，是指对严重的民事侵权行为人可以请求超过实际损失数额的赔偿金。惩罚性损害赔偿源于英国，发扬于美国。美国通过判例的形式确立的惩罚性损害赔偿制度得到了充分的发展。这一制度是美国侵权法中不可缺少的一部分，尤其是20世纪以来，惩罚性损害赔偿在美国获得了更大的发展空间，挣脱了传统惩罚性损害赔偿的限制广泛适用于侵权法、合同法等多个领域，其赔偿数额也大幅度增加。而在大陆法系国家，惩罚性损害赔偿制度的发展则显得迟缓得多，由于私法以填补损害作为基本价值取向，惩罚性赔偿在传统私法观念中则是不可接受的，德国法院近年来才开始尝试接受这一制度，但仅限于人格权领域内，日本也只是在学说上认可这一制度，我国在《消费者权益保护法》《侵权责任法》及《最高人民法院关于审理商品房买卖合同纠纷案件适用法律若干问题的解释》中规定了惩罚性赔偿制度，但其适用范围做了限定。

从理论上来讲，惩罚性损害赔偿主要是为了惩罚侵权行为人，同时对其他人形成威慑作用，集中体现了侵权责任法救济、惩罚与预防功能。环境人格权损害的发生一般都是渐进的，预防损害的发生是其救济的最好责任方式，而从环境污染与破坏行为开始至损害发生的时间段内，是采取停止侵害、消除危险等预防措施的最佳时间。发生损害之后，责任人同样负有采取措施以使损害降至最低的义务。在上述两个时期内，责任人如果拒绝采取措施，则应当承担惩罚性的损害赔偿责任。在环境人格权损害责任中适用惩罚性损害赔偿应当同时具备以下三个要件：一是要求行为人主观上具有过错，这种过错程度应做严格限定，即应当是故意而不包括过失，故意包括直接故意与间接故意，是指明知可能发生环境污染与破坏的严重后果，仍积极追求或者放任结果发生的主观心理状态。惩罚性损害赔偿主要惩罚主观上具有恶意的侵权行为人，就过失而言，其主观恶性并不大。二是从客观行为上来看，在其行为已经造成损害或者有损害之虞的情形下，仍然继续环境污染与破坏行为，未采取措施防止损害的发生或者扩大。三是从结果上来看，造成了实际损害的发生或者损害结果扩大的严重后果。结果条件是适用惩罚性损害赔偿的重要标准，如果没有实际损害结果的出现或者损害结果的进一步扩大，则不能适用惩罚性损害赔偿。环境人格权损害惩罚性赔偿的数额问题，无法确定一个具体而固定的标准，需要由法官在个案中综合考虑侵权行为人的主观恶性程度、损害结果等各方面的因素来具体确定惩罚性损害赔偿的数额。

4.精神损害赔偿

精神损害赔偿是一种非财产损害类型，事实上在立法上很少使用精神损害这一概念术语，一般用"抚慰金""心灵上的赔偿""财产以外的损害"等来指代，[1]我国也是在司法解释中正式使用了精神损害一词。[2]就环境人格权而言，对其环境人格尊严的危害相对于财产损害而言更为严重，因为环境人格权从本质上来讲就是一种精神性权利，因此在环境人格权保护制度中确立精神损害赔偿制度则具有更为重要的实践价值。在我国对于精神损害赔偿诉讼具有非常严格的限制，当事人在首次起诉时必须

[1] 奥地利、瑞士等国家称之为"抚慰金"，瑞典称之为"心灵上的赔偿"，日本则称之为"财产以外的损害"。

[2] 2001年2月我国最高人民法院颁布了《关于确定民事侵权精神损害赔偿责任若干问题的解释》，简称《精神赔偿解释》，正式以法律文件形式确立了精神损害的概念。

在提起物质损害赔偿的同时提起精神损害赔偿的请求，否则在诉讼终结后将不再保护精神损害赔偿的权利请求。但是从现实情况来看，精神损害并不是以物质损害为基础的，众所周知的人格权损害如姓名权、肖像权等权利的损害，在大多数情况下并没有物质损害，因而这一类型案件在司法实践中可以就精神损害赔偿单独提起诉讼。环境人格权是指在适宜环境中生活的权利，所谓的适宜虽然可以通过科学方法进行界定，以不损害人体健康为界限，但是从本质来讲，适宜本身就是人的一种主观感受，也可以说是精神方面的感受。诚然，环境污染与破坏所造成的物质性损害，比如环境质量下降，身体权、生命权、健康权受损等，可以在要求恢复原状、赔偿物质损失的同时提出精神损害赔偿，关键是没有这些物质损害，仅仅造成精神损害的情况下应当如何，需要在设定环境人格权的同时予以明确，也就是说赋予民事主体可以提起环境人格权精神损害赔偿的权利。

环境人格权所要保护的只是民事主体一种主观环境感受，这种感受可能会因人而异，而要在立法上对这种感受进行界定是具有非常大的难度的。因此在环境人格权侵权责任案件中，对精神损害赔偿的认定应当更加谨慎。主要考虑的因素包括侵权人的主观过错、危害程度、受害人自身的具体情况，以及侵权人的救济态度，等等。在评定环境人格权精神损害赔偿过程中，必须综合考虑这几方面的因素整体衡量，进而确定精神损害赔偿的数额。

（四）环境人格权侵权责任社会化承担

前述对环境人格权的侵权责任法救济，是在传统责任法的框架内进行的探讨。传统侵权责任法强调的是个人责任，然而环境侵权大多后果比较严重，这使得传统侵权责任法作用的发挥十分有限，既不能有效救济受害人，还可能使得加害人破产，在某种程度上凸显了经济发展与环境保护之间的矛盾。因此建立一种环境侵权责任的社会化承担机制，分散这种风险，以社会责任取代个人责任，能够有效地平衡加害人和受害人之间的利益关系，从而在某种程度上缓解了经济发展与环境保护之间的矛盾。

1.环境人格权侵权责任社会化的内涵

由于环境人格权是一项社会化的私权，其社会化表现为受害主体往往不是单一的，赔偿数额因此也十分巨大。在这种情况下，仅仅在纯粹私法领域难以实现对受害人的全面救济。因此，将这种责任社会化，利用社会救济体制，更能全面地保护受害人的利益。而环境人格权侵权责任的社会化具体可以体现为损害填补责任的社会化。在传统环境侵权领域，一般是要确定责任人，由责任人来承担损害赔偿责任。但是环境人格权侵权责任填补的社会化却与此不同，其将所发生的损害视为一种社会损害，立法者设计出一种新的填补制度，使环境侵权的损害赔偿与保险、社会安全体制等衔接起来，并由社会上大多数人分担这种风险和损害。这种制度的建立既有利于救助受害人，又可在一定范围内避免了加害人的破产，是环境保护与经济发展协调发展的一剂良药。其实环境侵权责任的社会化就是指将受害人因环境侵权所造成的损失在全社会或者特定群体范围内进行分散的一种赔偿责任机制。它改变了侵权责任法的谁侵权就由谁来承担责任的传统理念，在责任承担主体上实现了由个体本位向社会本位的转变。从这个角度来看，环境人格权侵权责任社会化具有以下几个特征：

（1）环境人格权侵权责任社会化同样是一种私法责任

环境人格权侵权责任社会化从本质上来讲也是一种民事责任。无论采用何种模式，虽然其中可能有国家的强制性介入，但是环境人格权侵权责任社会化的各项制度是以其侵权责任的最终成立作为前提和基础的。如果受害人在受到环境侵害之后不积极进行救济，请求赔偿，或者不能提供法律要求的初步证据，那么他同样得不到救济。也就是说，如果其私法责任不首先确立，那么也就没有所谓的社会化的救济。环境人格权侵权责任社会化虽然从表面上来看，其承担主体确实发生了变化。但是这是由环境人格权本身所具有的社会性和公益性所决定的，这仅仅是一种损失责任的转嫁而已。从本质上来讲其仍然是一种私法上的责任。

（2）环境人格权侵权责任社会化是一种补充责任

环境人格权侵权责任社会化之所以会出现，从根本上来讲是工业社会的出现及迅速发展，使得传统的侵权责任法已经不能适应社会的发展。即使传统侵权责任法在其范围内已经竭尽所能，不断调整去适应社会的发展，从过错责任到无过错责任，从因果关系的曲折发展中，我们都可以看到侵权责任法所做出的不懈努力。然而，环境侵权的大规模出现，并不是在传统侵权责任法范围内就可以解决的，工业社会的风险也超出了传统侵权责任法的预期。因此传统侵权责任法所确立的个人责任原则就必须被打破，但是这种打破并不是完全的脱离和否定，它仅仅是对传统侵权责任的一种补偿，是为了弥补传统侵权责任的缺陷和不足设立的。环境侵权与一般侵权行为一样，都需要首先由加害人承担社会责任，只不过在环境侵权中，由于其所具有的社会性和公益性的特征，可能会导致加害人不明或者无力承担等情况，此时需要平衡经济发展与受害人之间的利益关系，因而将这种风险转嫁于社会，对受害人进行赔偿。因此，环境人格权侵权责任社会化仍然是以个人责任为基础的，是在个人责任基础上的一种补充责任。

（3）环境人格权侵权责任的社会化仅仅是指损害赔偿责任的社会化

王明远博士在其博士论文中将侵权责任社会化称之为"环境侵权损害填补责任社会化"。虽然说环境侵权是一种特殊的侵权责任，作为一种特殊的类型由侵权责任法予以保护。如前文所论证的那样，其在归责原则、因果关系、构成要件方面与传统侵权责任类型都具有一定程度的调整。但是笔者以为，这种调整属于侵权责任法内部的调整与修正，是侵权责任法适应社会发展的一种积极表现，也是侵权责任法焕发生命力之所在，这种调整的目的其实主要是为了救济处于弱势地位的受害人，而损害赔偿责任社会化的目的并非仅仅是为了救济当事人，同时也考虑到了环境侵权行为人的利益，从根本上说是为了协调经济发展与环境保护之间的矛盾冲突。当然，这种调整和转变为损害责任社会化奠定了前提和基础。因此，环境侵权责任的社会化，其实主要是指损害赔偿责任的社会分担，或者从专业的角度来讲是一种"损害分散"的方式。

（4）环境人格权侵权责任社会化是一种连带责任

事实上，所谓环境侵权责任社会化与传统侵权责任最大的不同之处就在于责任承担主体的不同。在传统侵权责任法中，一般遵循"谁侵权谁承担责任"的古训，承担连带责任的基本前提一般应是共同侵权。而环境侵权责任的社会化是将这种责任在特定的集团或者社会的范围内进行分配，其责任主体的范围大大拓宽了，这事实上就是由侵权人之外的其他人与其一起承担责任。这主要是因为，首先环境是一种公共物品，这就决定了环境的社会连带性。再者由于工业社会是高风险社会，人们之间普遍面临着相同的风险和境遇，这种高度风险使得国家和社会对受害人产生了共同的责任。"人类科技水平与社会控制手段的提升，带来了人类物质丰裕的同时，亦带来了环境污染与环境破坏。因此，在设计环境问题克服的责任机制时，亦得考虑利益的平衡，于是，连带责任作为其中一项制度安排，由此具有了正当性。"[1]所以，从这里可以看出，环境侵权中的连带责任产生的基础就在于共同的危险，这是一种在更大的范围内分散风险的法律机制，或者可以说，环境侵权责任事实上就是一种社会连带责任。

2.环境人格权侵权责任社会化的实现

其实从理论上来讲，前文当中有关环境侵权责任中严格责任的确立、因果关系的突破都是侵权责任社会化的一种表现，但是这种社会化仅仅是存在于理论上的探讨，而环境人格权侵权责任社会化体制的建立，则是这种理论的实现方式。

（1）环境损害责任保险制度

又称环境责任保险，是"基于投保人与保险人之间的责任保险合同，在保险风险事故发生的情况下，将被保险人对受害人应承担的损害赔偿责任转由保险人承担的一种民事救济方式"[2]。这种保险制度是以环境侵权责任的产生和存在为基础的民事责任，既有利于救济受害人，又可以减轻企业经营的风险和负担，是实现环境保护市场化的有效的私法手段。一般来讲，这种保险有两种类型：强制责任保险和任意责任保险。责任保险本身就是一种民事责任的分散和预防机制。在承保范围方面，各国一般都经历了不断扩张这样的一种趋势，并且西方很多国家把这种责任方式明确规定在法律中。德国采取了强制责任保险模式，并辅之以财务保证或担保制度，法国则主要以任意责任保险为主，强制责任保险仅仅在某些特殊情况下实行，美国则单纯地采用强制责任保险，英国则与法国采取了相同的模式。但是从实践来看，这种方式却受到保险公司的冷遇，特别是在那些环保水平不高的国家更是如此。因为从理论上来讲，企业的运营必然会造成一定的环境污染，而社会保险建立的基础是偶然性。并且事实上很多企业已经将其污染的损害赔偿列入企业的生产成本当中，通过价格机制转嫁给了消费者。因此保险公司不可能去承保那些必然会发生的事故。只有在环保水平相对较高，企业的正常运转一般不会造成污染的情况下，才有可能通过责任保险来实现这种责任的社会化运作。

（2）行政补偿制度

一般来讲，国家并不主动介入私人关系，然而由于环境侵权的特殊性以及现代国家对实质正义的追求，国家行政补偿不仅成为必要而且是必需的手段。该制度虽然行政色彩浓厚，但是其资金来源为由行政机关征收的环境费、环境税等，并且设定具体的救助条件，建立于污染者付费和民事赔偿责任的基础之上，因此总体上仍然属于民事损害赔偿的一部分，只不过是根据具体情况的发展变化而对传统民事损害赔偿责任的一种调整。目前，这一制度在各国都有所发展，日本是这一方面最具代表性的国家。作为曾经的公害大国，日本在1973年颁布了《公害健康受害补偿法》，对因公害而健康受损的受害者进行行政补偿，这一制度是以民事责任为基础的损害填补的保障制度，补偿费用来

---

[1] 郑少华. 从对峙走向和谐：循环型社会法的形成[M]. 北京：科学出版社，2005：98—100.

[2] 贾爱玲. 环境侵权损害赔偿的社会化制度研究[M]. 北京：知识产权出版社，2011：117.

源于企业，国家通过简易的程序来认定公害，进而能迅速快捷地对受害人进行救济。但是这种制度仅仅适用于国家认定的公害案件中，范围过于狭窄，因此需要扩张行政补偿制度的适用范围。

（3）社会保障制度

这一制度由社会保险、责任集中、国家给付三种形式组成。社会保障体制最初以保护劳工为主要内容，但是随着社会的发展，这一制度逐渐发展为对于一切生活和意外事故进行保障。所谓社会保险是指为保障劳动者暂时或永久丧失劳动能力时其与家属的基本生活需要而强制社会成员所缴纳的一种保险，由环境危害造成的人身伤亡理应包含其中。责任集中则是指在存在多个责任主体时，仅确定其中之一来承担责任。这一制度能迅速确定责任人，对救济受害人具有明显的优势。国家给付则是指在侵权人能力有限，责任保险、财务保证等制度均无法救济受害人的条件下，由国家来承担部分损害赔偿责任，保障受害人的基本生活需要。美国、德国、日本、新西兰等国家都建立了相对完善的社会安全体制，尤其值得一提的是新西兰，该国1972年的《意外事故补偿法》规定，在新西兰境内遭受意外伤害的任何人，可以按照法定程序获得一笔补偿金，而不需要再向法院提起诉讼，因此，实际上取代了侵权行为法，引起了广泛关注。

（4）企业互助基金制度

又称财务保证或者担保制度，该制度主要是由具有污染危险性的企业提供专项资金对可能造成的污染受害人进行救助，现在很多企业实行的提存金制度就是这一制度的典型代表。日本1950年的《矿业法》就规定了提存金制度，要求矿业权所有人每年都要将一定数额的国债进行委托保管，用来担保将来的损害赔偿。1963年的《煤矿矿害赔偿担保等临时措施法》则规定建立"矿害赔偿基金"，其建立的主体则为煤矿矿害事业团。这种基金的建立是为了企业间的责任分担与互助，当其中某一企业因环境污染而应赔偿时，首先由基金进行赔偿，然后再由该企业将此笔资金逐步还给互助基金。从而给了企业一定喘息的机会。除了这两种方式之外，还可以由第三人来提供财务上的担保，一般来说这个第三人由政府或者金融机构来充当，1991年的《环境责任法》规定了政府或者金融机构就可以充当担保人或者保证人。环境人格权的侵权责任社会化问题，是在建立这一制度中必须面临的问题，但是我国目前并没有建立健全的环境侵权损害赔偿的社会化填补制度，这对于救济受害人来说是十分不利的，并且也不利于实现经济发展与环境保护的良性互动。

3.我国环境人格权侵权责任社会化的实现方式

（1）我国环境侵权责任社会化的立法现状

环境人格权侵权责任社会化问题的出现与发展状况，与一国的经济发展状况密切相关，一般而言，在西方发达国家，这一制度的法律设计相对完善，运行良好，在发展中国家与不发达国家，则相对落后。我国作为发展中国家，在这一方面起步较晚，发展也相对缓慢。我国环境侵权保险责任制度和财务保证制度，在20世纪90年代才刚刚起步，且范围相对狭窄，仅限于油污污染责任事故。就目前而言，环境责任保险和财务保证只存在于海洋石油勘探和油污损害赔偿[1]，一般认为初步建立了环境侵权责任保险的基本模

---

[1] 1982年《海洋环境保护法》第28条规定："载运2000吨以上的散装货油的船舶，应当持有有效的油污损害民事责

式。但是从其规定中可以看出，我国这种规定最初只是采取了自愿保险的模式，2000年修订的《海洋环境保护法》则规定针对油污责任采取强制保险的方式。但是基本上对环境侵权责任保险制度的规定还是相当笼统的，与现实中突出的环境侵权问题相脱节。而有关环境侵权的行政补偿制度，就我国目前的立法状况而言，虽然不能说是一项空白，但是其法律依据也是相当匮乏的。仅仅在1988年国务院制定的《污染源治理专项基金有偿使用暂行办法》中进行了规定，除此之外，至今为止尚未出台一部针对环境侵权而适用的专门性的行政补偿方面的法律制度。而在社会安全保障制度方面，由于我国生产力发展水平的限制，社会保险制度虽然已经建立，但是在救济环境侵权损害方面的作用微乎其微，责任集中和国家给付也缺乏相应的法律规范的支持。

总之，我国虽然已经进入环境污染事故频发的阶段，环境问题可以说已经成为影响社会安定团结的重要问题，受害人享受经济发展带来的物质繁荣的同时，也深陷环境污染所带来的痛苦之中。然而，我国到目前为止仍然没有建立起相应的法律制度对当事人进行救助，平衡经济发展与环境污染的冲突与矛盾，这是我国法律制度的一大缺憾。

（2）我国环境人格权侵权责任社会化对相关立法的融入

首先是我国环境人格权侵权责任社会化的原则。要有效协调与结合环境人格权侵权责任的个人化与社会化。由于各国实际情况不同，上述四种环境侵权责任社会化的四种模式中，在各国的发展程度并不相同。这几种模式社会化程度各不相同，四种模式分别适用不同的情形，力求形成对环境侵权受害人的全方位的保护模式。我国侵权责任法中有关环境侵权责任的规定中，仍然坚持个体责任原则，对环境侵权责任社会化问题，并没有论及。而环境侵权责任社会化虽然是对传统侵权责任的突破，但是从本质上来讲，其仍然是一种侵权责任，应当将其放入侵权责任法中进行规范。同时我们应当清楚的是，环境侵权责任社会化是依据一定的规则将本应由个人承担的侵权责任分散给其他个人或社会组织承担。这种责任是一种对个人责任的补救机制。换句话说其是以个人责任为基础的，只在个人责任不能有效救济受害人时才起作用。因此我们在具体设计这一制度时，必须要清楚地知道，环境侵权责任社会化具有有限性和相对性。另外，一定要注意协调好环境侵权责任救济功能和惩罚功能的协调运用。从本质上来讲，环境侵权责任社会化，不仅仅是加强了对受害人的救济力度，同时也是对加害企业的一种救济。这是平衡受害人利益和企业利益的一种理想化的选择。然而，针对有些企业的故意行为，仅仅是一般的民事赔偿难以有效地制止其环境侵权行为，此种情况下，惩罚性赔偿的运用就具有相当的社会意义。但是我们也必须要考虑到加害企业行为的社会意义以及有限的支付能力，以及民事侵权责任的填补性本质特征，对惩罚性赔偿的运用进行限制。我国的环境侵权责任的社会化责任并非没有任何规定，环境责任保险和环境补偿基金在我国法律中有所提及，在《海洋环境保护法》中就规定了船舶油污保险责任和基金，《道路

任保险或其他财务保证证书，或油污损害民事责任信用证书，或提供其他财务信用保证。"1983年《海洋石油勘探开发环境保护管理条例》第9条规定："企业、事业单位和作业者应具有有关污染损害民事责任保险或其他财务保证。"1999年《船舶载运散装油类安全与防污染监督管理办法》第6条规定："从事海洋运输不论吨位大小必须进行保险或取得其他财务保证。"2000年《海洋环境保护法》进行了修改，其第28条第2款规定："载运2000吨以上的散装货油的船舶，应当持有有效的油污损害民事责任保险。"第66条规定："国家完善并实施船舶油污损害民事赔偿责任制度；按照船舶油污损害赔偿责任由船东和货主共同承担风险的原则，建立船舶油污保险、油污损害赔偿基金制度。"

运输条例》对危险物品运输责任保险的规定也属此类。但是对于其他形式的社会化救济形式，并未提及。

其次是我国环境人格权侵权责任社会化对相关立法的融入。正如前文所论证的那样，我国虽然目前环境保护形势严峻，环境侵权问题突出，但是相关的法律救济机制并不健全，尤其是在社会化救济方面。就目前而言，要想实现环境人格权侵权责任的社会化救济，就必须对我国现有的相关法律进行修改和补充，并在此基础上制定进一步的实施细则。

第一，完善环境侵权责任保险制度。笔者以为，上述四种社会化责任中，责任保险应是我国进行环境侵权责任社会化设计的最主要选择，这种模式通过保险形式将巨额赔偿金转嫁于社会，是有效分散社会风险的一种方式。因此应当在《保险法》中加入环境责任保险类型，在投保方式上，对于高度危险性的企业采取强制保险的方式，而对于其他企业则采取自愿的原则。承保机构也不能单一化，由于环境侵权责任保险具有一定的公益性质，因此就我国目前的经济发展状况而言，政府应当适当地介入。既要充分利用现有的商业性的保险公司来承保环境侵权责任险，同时还应设立专门性的政策性环境责任保险机构，当然在我国设立这种保险机构其业务范围不能与美国等国家相同，因为我国现阶段的国家实力不允许我们步子迈得太大，这类政策性环境责任保险机构的承保范围仅仅是商业公司不愿意承保的业务，就目前而言，也就是累积性的环境责任风险事故。环境侵权责任保险在承保范围上也不宜过宽，突发性和累积性两类环境污染风险都应纳入保险的范围，但从实际情况来看，突发性环境污染风险的分散更多地应由商业性保险机构来承保。而其承保的范围既包括损害赔偿责任，也包括自由场地治理责任，既包括直接损失也包括间接损失[1]。除此之外，要修改《环境保护法》以及《大气污染防治法》等单行法，明确规定哪些企业应当购买环境责任保险。然后由中国保险监督管理委员会根据法律规定，制定具体实施细则。

第二，基金制度也是比较适合我国采用的一种模式，它包括行业性企业互助基金和综合性公共补偿基金两种形式。行业性企业互助基金事实上是在企业责任保险不足以完全救济受害人的情况下，由企业互助基金予以一定的救助，从本质上来讲，由整个行业来承担环境损害赔偿责任，是一种社会化程度相对较低的风险分配方式。我们应在《环境保护法》以及《侵权责任法》中增加有关企业互助基金的原则性规定。具体内容则应由国务院制定实施细则。在基金制度的设立过程中，应明确规定基金的适用范围。一般而言，基金制度的设立采取自愿原则，但是对于那些环境污染风险较高的行业，则应强制其设立互助基金，比如钢铁、核能、电力、冶金等行业。并且应当不断拓展基金的来源，确立基金组织的法律地位，明确其职责，规定基金申请的具体程序，确定赔偿的范围和数额。还应建立全国性的综合性的公共补偿基金，作为环境责任保险与行业性企业互助基金救助不能发挥作用时的一种模式存在。在具体立法上，我们可以参考道路交通事故社会救助基金的立法方式，在《侵权责任法》中做出原则性规定，然后由国务院制定环境侵权社会救助基金的具体实施细则。由于行政补偿基金与一国的经济发展水平密切相关，我国目前的经济实力还不具备对所有环境侵权损害进行补偿的能力，因此在立

---

[1] 贾爱玲.环境侵权损害赔偿的社会化制度研究[M].北京：知识产权出版社，2011：162.

法时，应该格外注意行政补偿基金的适用范围，不宜过于宽泛。基金的申请程序应做详细的规定，包括申请人的条件、应当支付的范围、程序及支付后的追偿问题，等等。同时应当不断拓展资金来源渠道，维持基金的良好运行。

第三，社会保障模式通常所满足的只能是受害人的基本生活需要，其赔偿范围极为有限，因而虽然可以选择，但是不能作为主要的社会化的救济模式存在。特别是目前我国受经济实力所限，社会保险种类较少，且容易导致一定的道德危机和风险的存在，因此在我国，社会安全保障体系的作用并不十分明显，其建立和完善还需要很长的时间。

总之，随着我国环境问题的日益加剧，建立环境侵权责任社会化的赔偿机制已经迫在眉睫。环境人格权能否得到全面保护，这一制度的设计尤为重要。这是一种立体的赔偿模式，在发生环境污染事故之后，如果企业购买了环境责任保险，则由保险公司支付，当然其赔付的数额受到保险金额的限制，如不能全额赔付，在加害人确定的情况下，则可以申请企业互助基金，仍不能获得足额赔偿时，则由国家行政补偿基金进行补偿。如果加害企业不确定，则直接由国家行政补偿基金对受害人进行补偿，在上述三种方式皆不能满足其赔偿需要时，则最后由社会安全保障机构提供基本的生活需要，进行适当的补偿。

第五章　环境人格权的程序法保护

一、环境公益诉讼的正当性基础

（一）环境权理论

20世纪60年代，环境问题已经被列为世界第三大问题。德国的一位医生在1960年针对向北海倾倒放射性废物的问题，向欧洲人权委员会提出控告，认为此种行为违反了《欧洲人权条约》中有关保障清洁卫生的环境的规定，引起了理论界的广泛兴趣，从而开始了对环境权的研究和探讨。在1966年的联合国大会上，首次就环境问题进行了讨论，并一致同意应就环境问题专门召开一次会议。1971年召开的斯德哥尔摩人类环境会议上，通过了《人类环境宣言》，该宣言在第一条明确规定了环境权。1970年的《东京宣言》明确规定了环境权，认为环境权从本质上来讲是一项人权，并应该用法律来确保环境权的实现。[1]而在同年日本两位律师在《"环境权"的法理》的报告中不仅将各种有关环境的权利统一称为环境权，并且提出了具体的环境权的概念。[2]欧洲人权委员会接受了日本两位律师的理念，于1971年将在纯净的空气中生存的权利作为一项主题进行了广泛讨论。在1973年制定了《人类自然资源人权草案》。1986年，世界环境和发展委员会法律专家小组在《关于自然资源和环境冲突的一般原则的报告》中将环境权视为每个人都应该享有的权利，并进一步规定了国家的国际环境义务。[3]1992年联合国通过了《里约环境与发展宣言》，该宣言重申了《人类环境宣言》所确立的原则，即环境权是人类应有的权利。至此，环境权作为一种新型权利登上了历史舞台，它是人们为了应对生态危机而产生的，也可以说是被发现的。因为从本质上来讲，环境权是人类产生之初便享有的一种权利，只不过由于自然环境具有一定的自净能力，这种权利一直未被发现和确立。它的到来和凸显，是人类在生态危机背景下的一种源于生存本能的法律诉求，是生态文明时代的本质要求。

环境权是一项带有私权性质的公共权益，从内容上来讲，像环境知情权、环境决策参与权及公众诉权，都是为了维护公共利益，具有显著的公益性，与一般的民事权利有本质上的不同。在权利行使目的方面，环境权行使的目的是为了维护公共利益，而一般民事主体行使权利的目的是维护私人权利；在行使权利的原则上，环境权从理论上也可以像一般民事权利那样转让或者放弃，但是由于环境权的处分关涉社会公共利益，因此

---

[1] 《东京宣言》宣称："我们请求，把每个人享有其健康和福利等要素不受侵害的环境的权利和当代传给后代的遗产应是一种富有自然美的自然资源的权利，作为一项基本人权，在法律体系中确定下来。"

[2] 日本两位律师仁藤一、池尾隆良做了名为《"环境权"的法理》的报告："为了保护环境不受破坏，我们有支配环境和享受良好环境的权利；基于此项权利，对于那些污染环境、妨害或将要妨害我们的舒适生活的行为，我们享有请求排除妨害以及请求预防此种妨害的权利。"

[3] 《关于自然资源和环境冲突的一般原则的报告》中指出："任何人有权享有作为健康和福利之充分保障的环境权"。

法律上一般对环境权的行使予以限制；在权利救济方式上，一般民事权利受到侵犯之后往往依据侵权责任法进行救济，而环境权除了可以依据侵权责任法来进行救济之外，还可对其进行行政救济。[1]正是由于环境权的内容具有公共利益的属性，是每个人与生俱来的天赋权利，从权利救济方式上来讲，依据环境权受到侵犯所提起的诉讼就具有公益诉讼的本质特征，也是公民个人具有环境公益诉讼主体资格的理论基础所在。

（二）公共信托理论

公共信托理论源于罗马法，在《法学阶梯》中有相关记载。英国最先继受了共同信托理论，但其适用范围较窄，仅限于通航和捕鱼。后来这一理论移植到美国，成为美国环境法的重要理论基础和原则。在美国这一理论同样是依靠判例得以确立的。1892年，在伊利诺伊中央铁路诉伊利诺伊州案件中，美国最高法院确认了公共信托原则，但当时的适用范围也比较窄。然而在1960年，美国广泛开展了一场大讨论，探讨公民环境权益法律保护的理论和立法依据。萨克斯教授提出了著名的"环境公共信托理论"。在他看来，当人类生活所必需的环境要素，如空气、水、阳光等，由于环境的污染和破坏，威胁到人类的生产生活时，便不再是自由获得的财产，而应该成为所有权的客体。但由于其十分重要，它不能成为私人的所有权的对象，它应当是属于全体民众的财产，对于这类财产个人无权做出任意的处分行为，也就是说，个人既不能任意占有、支配，更不能任意损害。为了发挥这些公共财产的效能，需要有人对此进行管理，而国家无疑是最好的选择，因而全体国民以委托人身份将这些公共财产委托给国家。因此，国家作为受托人应当妥善行使权力，而不能滥用权力。萨克斯教授的环境公共信托理论是对传统公共信托理论的拓展，成为环境人格权得以确立的理论基石。

20世纪70年代，美国的环境公共信托理论获得了新的发展。其适用范围已经包括了海滨、湖泊、河流、公园、野生生物、天然资源、大气、水等众多客体，且其保护扩展至鸟类、防止空气和水污染、水土保持、保护湿地、保障娱乐和为后代保护水体的洁净和流动等用途或利益。

除上述通过判例确认环境公共信托原则以外，这一原则同样得到制定法认可。宾夕法尼亚州在《宪法》中规定了宾夕法尼亚州的环境资源的受托人身份，因而其有责任保护这些财产。而密歇根州则在《环境保护法》中将"与大气、水以及天然资源相关的公共信托"作为提起环境权诉讼的依据。马里兰州则认为州政府对"环境的审美的、自然的、健康的、福利的、科学的以及文化的品质"负有保护责任，因而州机关设立了"马里兰环境信托"，对环境利益进行保护。

（三）环境共有理论

英美法系一直注重法律的实用性，甚少对法律的体系问题进行研究和探讨。美国环境公益诉讼理论和实践之所以能够蓬勃发展，与其固有的法律传统和法律特点具有相当密切的关系。大陆法学属概念法学，在这种思维模式下，一种新理论的出现和探讨，所受束缚较之英美法律背景下要多，不得不更多地考虑整个法律体系的冲突和协调问题。

---

[1] 朱谦. 论环境权的法律属性[J]. 中国法学，2001（3）：65-70.

那么大陆法系法律内部是否同英美法系一样，具有环境公益诉讼理论和司法实践所产生的理论土壤呢？笔者认为，物权法中的共有理论完全可以为环境公益诉讼提供理论支撑。

共有制度也可以追溯至罗马法时期。罗马法中的共有形式主要是按份共有。在罗马法中的按份共有可依当事人的合意、遗嘱及法律规定等产生，各共有人对共同所有之份，按具体份额均享有使用、收益、处分的权利，同时承担相应的义务。罗马法认为"当多数人共有一物时，此多数所有人固因共同所有之理由，互受节制，但皆于其标的物上，有其特殊之应有部分"[1]。日耳曼法中的合有制，亦即我们今天所称之共同共有制度。一般而言，是指数人依据共同关系而对标的物享有的所有权。在古代的日耳曼社会，这种制度一般适用于继承当中，其基本特征在于，各共有人共同行使权利，共同享有收益，各共有人也对其共有部分享有所有权，但这一部分只能是潜在的享有，在共同关系终止前，不能请求分割。由于共同共有与近代个人为本位的权利观念相左，因而在近代法中，共同共有制度受到冷遇。日本没有规定这一制度，《德国民法典》仅将其限于夫妻共同财产、共同继承等关系。在日耳曼法中，还有一项颇具特色的共有制度叫总有制度。它是指由一定的团体对标的物享有管理权能，而由其成员享有标的物的收益权能。它是一种共同体的所有方式。一般而言，根据团体内部的规则，把所有权进行分割，团体享有管理、处分等支配性的权能，团体成员则享有使用、收益等利用的权能。如果团体成员的使用、收益行为违反了团体规则时，则团体可以依团体的规则，要求其停止妨害并进行损害赔偿。团体成员权利的享有与其身份有着直接关系，不能脱离其身份而享有权利。也就是说，其权利的取得与丧失，取决于其团体身份的取得与丧失。总有制度中，团体成员的人数较多，团体性浓厚，其最初是古代日耳曼村落共同体的财产所有形式，后随着经济的发展，转化为法人的独立财产权，在现代法律中已经不复存在。

共有制度在当代民法中，仅保留了按份共有和共同共有两种形式。在按份共有中，按份共有人有权按份对其财产享有占有、使用和收益权，并依照共有人之约定管理其共有财产，按份共有人享有物权请求权，并有权转让其应有份额。而在共同共有中，共同共有人是平等地对财产享有占有、使用、收益等权益的，是共同享有而不是按比例享有。且就处分权而言，任何共有人处分共有财产，须经全体共有人同意，未经全体共有人同意而处分其共有财产，在法律上是无效的。但是各共有人可以依据法律或他们之间的约定，将共有财产的管理、使用以及处分权委托给某一个或某几个共有人，此时，被委托的共有人有权处分共有财产。在共同共有中，共同共有人对共有财产共同承担义务。

大陆法系国家在接受环境公益诉讼的过程中，甚少考虑其产生所具有的不同文化特质，因此在论证其正当性基础的时候，无一不将公共信托理论作为产生的法理基础。然而，公共信托理论毕竟是根植于英美法系的法律土壤之中的，简单地照搬照抄，难免会与大陆法系的传统思维方式产生冲突。日本在接受这一理论的同时，就利用本身所具有的共有制度，对环境理论的产生进行论证。早在明治初期，自由民权思想家宫崎民藏就曾经提出过环境共有的思想。他提出了地球为人类所共有的思想。宫崎民藏认为地球作为天然之物，是大自然的恩赐，无论人们之间有着怎样的差别，在对这样的恩赐的需求

---

[1] 李宜琛. 日耳曼法概说[M]. 上海：商务印书馆，1944：52.

方面是相同的。对这种自然形成之物，谁都没有权利排除其他人的享有权利。宫崎民藏的土地共有思想，并非是从法律角度或财产角度所提出的，其主要是作为他民权思想的一部分而进行的论证。他主张的土地共有，事实上是指生存环境共有，在日本产生了重要的影响。

可见，环境共有思想的提出很早之前就已经存在了。从根本上来讲，环境公共信托理论存在和论证的前提亦是环境共有思想，因此可以说，环境共有思想与源自美国的环境公共信托理论在本质上是一致的。二者的不同只是存在于对共有财产的管理、支配方面。美国利用其独特的信托理论，清晰地划分了国家和公民之间有关环境资源的权利义务关系，使环境权具有了可操作性，并能够运用到司法实践中去。而就大陆法系的共有制度而言，其对共有物的管理、支配则显得较为随意，一般依约定而为之，并无法律的硬性规定。事实上，共有人完全不必亲自管理共有物，可以将其委托给其中一个或几个人，由其行使一定的权利，并对其他共有人负责。就环境共有而言，由其中一部分共有人组成国家，集中行使对共有环境的管理、使用和支配，不得滥用权力，侵犯其他共有人的权利。任何共有人都有合理使用共有物的权利，但不得侵犯其他人的相同权利，否则，其他人则可以提起侵权之诉，以维护自己的合法权益。这里我们需要注意共有与公有的区别。很多学者认为二者的区别在于主体的不同。共有的主体是两个或两个以上的民事主体，而公有的主体则是唯一的，就我们国家而言是国家或者集体。而笔者认为，二者在本质上是相同的，国家也好，集体也罢，其主体从根本上来讲是其全体成员，共有人数与国家集体人数重合时，即为公有。二者只是在不同语境下称呼不同而已，共有是法律术语，而公有则是从所有制角度而言，是政治或者经济术语。

环境共有思想的产生和发展，为环境公益诉讼的展开提供了前提和基础，作为共有人的自然人、社会团体、检察机关均有权提起环境公益诉讼，维护环境公共利益，为大陆法系环境公益诉讼制度的发展提供了理论支撑。

二、环境人格权的民事公益诉讼保护

权利救济一般存在两种方式：私力救济与公力救济。对于一般的侵权行为来说，私力救济能够起到救济的某种效果。但环境人格权侵权损害则有所不同，实施环境污染和破坏行为的一般都是实力强劲的大型企业，在此种情况下受害方的私力救济效果甚微，必须借助国家公权的介入，才能更好地维护自身的合法权益，因此环境人格权的诉讼法救济是对其实现周延保护必不可少的屏障。但是环境人格权侵权与一般侵权行为存在诸多不同，这些不同之处也直接影响到环境人格权民事诉讼与普通民事诉讼存在一定的差异。

（一）环境人格权民事公益诉讼救济的理论基础

所谓公益诉讼，顾名思义，是指为维护公共利益而进行的诉讼活动。公益诉讼由罗马法首先创设，属于其程式诉讼中的一个类型。[1]在罗马法中，仅仅依靠政府来维护公共

---

[1] 周枏. 罗马法原论[M]. 北京：商务印书馆，1996：886-878.

利益力有不及，因此市民也有权提起公益诉讼。因此在罗马法中就存在两种公益诉讼的形式：一是由市民法规定的市民法公诉，在此类公益诉讼中被告缴纳的罚金要归国库，但是原告可以获得奖金；二是大法官法规定的大法官公诉，这一类型的公益诉讼中原告可以获得被告的罚金，如果有多名起诉的人，那么法官有选择权。罗马法中由于没有专门的控诉机关，因此其公益诉讼基本上都是由市民提起的，凡是提起公益诉讼的市民均是公共利益的代表。在资本主义社会初期，由于国家机构设置越来越健全，各国在立法上确立了检察机关提起公益诉讼的法律地位，并逐渐发展成为行使刑事公益案件公诉权的专门机关。这一时期，资本主义经济处于自由竞争阶段，国家更多地是充当"守夜人"角色，公益损害问题还没有凸显，因此公益诉讼在这一段时间内基本无用武之地。尤其是为了防止滥诉，各国诉讼法中均确立了直接利害关系人原则，对原告诉讼主体资格进行严格限定，公益诉讼基本被排除了。然而随着资本主义社会经济的快速发展，风险也不断增高，可以毫不夸张地说，现代社会就是一个风险社会，政府角色也随之发生了转变，公益损害事件日益突出，面对此种现实，法律不得不做出调整，放宽了对起诉条件的限制，公益诉讼重新回到人们的视野当中。德国和美国在立法上确认了公益诉讼制度。[1]到了20世纪60年代之后，公益诉讼已经得到了各国普遍的认可。

1.环境公益诉讼与环境民事公益诉讼

（1）环境公益诉讼。环境污染是现代社会最严重的社会风险之一，也是最为严重的侵害社会公共利益的问题之一，环境公益诉讼就是伴随着生态危机而逐步发展和成熟起来的公益诉讼类型。目前欧美各国基本都规定了环境公益诉讼制度，但是就环境公益诉讼的概念来讲，仍然存在很大的争论。争论的焦点主要在于：一是有关原告的诉讼资格问题，有学者认为原告只能是环保组织，也有学者认为公民、法人、社会组织、国家机关均有资格充当公益诉讼的原告。二是关于公益诉讼的客体范围问题，是应当将由于环境污染和破坏行为所导致的人身、财产以及对环境自身所造成的损害均包含在内，还是仅仅指对环境本身所造成的损害？最后一个争论的问题就是环境公益诉讼是否是一种独立的诉讼形式，能否进一步划分为民事和行政两种类型？公共利益又称为公益，是与私人利益相对应的一种概念范畴，公共是指共同的，公共一词表明了主体的复合性，或者是整体性，利益是一种需求，公共利益就是指社会上不特定主体的共同的需求。公共利益一般来说是兼容的、开放的，同时也是动态的。它是某个群体共同享有的且不存在份额上的差距，享有的利益主体之间并不相互排斥，公共利益是不确定的，不同的地域与历史时期的公共利益具有不同的特征。不确定性是公共利益最为显著的特征，主要体现在内容和主体方面。正是因为其主体范围的不确定的特点，我们才将此种利益称之为公共利益。环境公益的概念按照发展脉络可以分为传统环境公益与新型环境公益两种，传统环境公益一般是指与人身权、财产权以及相关权利有关的公共利益。这种传统意义上的环境公益从本质上来讲可以将其归入人身权或财产权范畴，之所以被称为环境公益，一是因为其损害的发生与环境密切相关，二是其受害主体具有群体性。也就是从根本上

---

[1] 1863年10月5日的巴登州《内部行政组织法》首次规定了德国近代法中代表一定公共利益的公益代表人制度，美国1941年的《克莱顿法》规定对《反托拉斯》法禁止的行为，除受害人有权起诉外，检察官也可提起衡平诉讼，其他任何个人和组织也有权起诉，1954年以后，随着联邦德国的建立和行政司法法律的颁行，公益代表人制度在德国的法律生活中达到发展高峰。

来讲，传统上的环境公益本质上就是一种私益，它不符合严格意义上的公益概念。新型环境公益则与此不同，它是指对环境本身为客体范畴的公共利益。这种环境公益又可分为环境经济公益与环境生态公益两种，环境经济公益是指生态环境本身所蕴含的公共经济价值，环境生态公益则是指环境资源生态价值的公益性。与传统型环境公益相比，新型环境公益与公共利益的内在本质更为契合，生态环境在整体上是不可分割的，其利益是由整个人类社会所共同享有的，消费上的非竞争性，与私人利益紧密相关，却又不是私人利益的简单叠加，因此这种新型的环境公益才是我们所说的纯粹意义上的环境公益。我们这里所讲的环境公益诉讼就是针对新型环境公益而进行的诉讼活动。因此所谓环境公益诉讼就是指法律规定的主体在环境公共利益受到侵害或有侵害的危险时向法院提起诉讼，由法院依照法定程序进行审理的活动。

（2）环境民事公益诉讼

根据诉讼中被告身份的不同，公益诉讼一般分为民事与行政两大类，民事公益诉讼的被告一般是私法主体，行政公益诉讼的主体则是行政机关。与此相对应，环境公益诉讼也分为两种类型：环境民事公益诉讼与环境行政公益诉讼。前者是对实施环境污染和破坏行为的私人或者企业提起的诉讼活动，后者则是针对具有环境保护职责的行政部门所提起的诉讼。从概念上来说，我们认为所谓的环境民事公益诉讼就是指法律规定的自然人、法人、其他组织和国家机关为了维护环境公益，对污染和破坏环境的行为人提起诉讼，由人民法院按照民事诉讼程序进行审理的诉讼活动。它与环境行政公益诉讼存在根本不同，在环境行政公益诉讼中被告人是具有一定环境管理和监督职责的行政机关，针对的是该机关的违法的行为（包括作为和不作为），并且这两种公益诉讼活动适用的程序也存在根本不同，环境民事公益诉讼适用民事程序进行审理，而环境行政公益诉讼则适用行政程序。当然，在一起案件中可能既存在私法主体的环境污染和破坏行为，同时也存在国家环境主管部门的违法行为，此时原告可以进行选择，也可以启动两种程序进行追责。这样更能实现对环境公共利益的周延保护。环境民事公益诉讼虽然适用民事程序进行审理，但是其与传统民事诉讼仍然存在很大区别，首先表现在诉讼目的方面。传统民事诉讼是为了私人利益而设，其是作为私法救济手段而存在的，环境民事公益诉讼则是以维护公共利益作为诉讼活动的主要目标的。其实对于公共利益与私人利益之间的关系，很难做出细致明确的划分，二者之间关系密切。尤其是在环境公益诉讼中，因为环境侵权很可能造成个人人身和财产方面的损失，这些损失是私人利益的损失。因此在维护环境公共利益的过程中必然也会同时实现对私人利益的保护，也就是我们通常所说的公共利益的辐射性。但是我们知道环境民事公益诉讼的目的并不是为了维护私人利益，私人利益的实现只能是公益诉讼的一种扩散效果而已。环境民事公益诉讼的目的并不是为了解决纠纷，其目的是为了维护公益，是运用司法制度保护环境公共利益的法律实现机制。从原告资格上来看，环境民事公益诉讼的原告的范围相对宽泛，并不要求其与诉讼标的具有直接的利害关系。在程序上，环境民事公益诉讼也与传统民事诉讼存在不同，比如诉讼费的预交问题、举证责任问题，都应该设置与传统民事诉讼不同的诉讼规则，否则环境民事诉讼只能成为理论上的完美预设而不具备任何可操作性。

2.环境人格权民事公益诉讼保护的理论基础。

环境人格权的私权属性是毫无疑问的，然而环境人格权与一般的私权不同，它是一项具有公益性的私权。我们将环境人格权界定为在良好舒适的环境中生存的权利，可见环境人格权的实现以环境为基础。而环境人格权的公益性也恰恰源于生态环境的公共物品性。环境资源具有多重价值，环境人格权是建立在其生态价值基础之上的，环境资源的生态价值是典型的公共利益，它向整个社会开放，由整个社会共享，每个人的消费都不会影响到他人的消费，且不存在竞争，更无法确立归属。环境人格权是以环境资源生态系统的舒适性价值为基础的，这就从根本上决定了环境人格权是一种具有公益性的私权。也就是说，环境人格权虽然是为了个人环境人格利益的实现而设置的权利类型，但是保护环境人格利益的结果却不仅仅及于个人，社会中的其他人以及后代人都是受益者。因此从这个角度来讲，环境人格权诉讼具有发散性或者说是辐射性的效果，因此环境人格权民事诉讼就具有了公益诉讼的属性，这是环境人格权获得公益诉讼保护的基础。

同时从公益诉讼的内涵来讲，国内外学者都进行过大量的研究和探讨，始终未能形成精确的、令人信服的学说。澳大利亚法律改革委员会将公益诉讼定义为具有公共因素的诉讼。强调公益诉讼的公共因素和特征，至于在公益诉讼中是否涉及原告自身的经济利益则不问，原告与诉讼案件之间可以不具有直接的利害关系。在美国，公益诉讼又被称为"公法诉讼"，这类诉讼涉及公共利益或因素，但是要求公益诉讼的原告本身也实际上遭受了损害，因此，特别强调诉讼资格问题。而从上述国外有关公益诉讼的理解中我们可以看出，其所具有的共同特点在于公益诉讼是涉及公共利益或公共因素的诉讼，区别则在于原告与公益诉讼之间是否具有直接的利害关系。因此有学者认为，从广义上来理解公益诉讼则是指只要涉及公共利益或者说具备公共因素，就可以称为公益诉讼。至于其与原告之间的关系，则非公益诉讼所应关注的焦点。狭义的公益诉讼就是指原告与争讼案件不具有直接的利害关系，仅仅是为了公共利益因素而进行的诉讼形式。笔者认为，应当从广义的角度来界定公益诉讼，即将与案件有直接利害关系的原告所提起的"主观上为自己、客观上为他人"的情形，包含于公益诉讼的范围之内。理由在于，首先，从公益诉讼的内涵和发展来看，并不排斥原告与案件之间具有直接的利害关系，也可以说这并不是公益诉讼所要关注的焦点问题，只强调客观上起到了保护公共利益的作用。其次，如果将此种情形排除在公益诉讼之外，则无疑会造成司法资源的浪费。司法机关可能会面临因为一起损害事件而出现公益和私人诉讼并存的局面。最后，笔者认为，某些公益诉讼案件，原告虽然与案件有直接利害关系，但是依照目前的私益诉讼模式无法保护其利益。以环境保护而言，虽然私益诉讼中从实体法到程序法都设置了相当的条件，以使受害者在诉讼中获得有利的条件，并最终能够得到救济。然而，现代科学技术的迅猛发展，专业化分工的加强，使得受害者可能根本就意识不到自己的损害源于何处，因此，连最基本的举证责任都难以承担。正因为如此，笔者认为，公益诉讼应从广义来理解，而不能从狭义上进行界定。

环境人格权本身具有的公益性品质及公益诉讼内涵的扩张性，决定了环境人格权可以适用环境民事公益诉讼程序进行解决，当然个人完全可以选择普通民事诉讼程序进行诉讼，只是法人、社会组织或国家机关并没有这样的选择权。

（二）环境人格权诉讼原告资格的确定

在传统的民事诉讼法中，要求原告应是与诉讼有直接利害关系的人，这样才符合法定资格，任何人都无权对与自己无关的权利进行诉讼。然而，正如我们前面所讲到的那样，环境人格权本身就具有一定的社会性，若依照传统民事诉讼法理论，则对于侵犯环境人格权的行为无法提出诉讼。因此，许多国家基于保护环境与环境权的实际需要，都适当放松了对原告起诉资格的限制，美国自20世纪70年代以来，在联邦制定的一些环境法规中都规定了公民的起诉权，在一定的范围内放宽了传统起诉权的限制。《清洁空气法》规定，原告不需要与案件有直接的利害关系，只要影响了法律保护的合法权益就享有起诉权。与此同时，美国很多州也都在环境法规中规定了公民诉讼条款，甚至专门以环境权法承认公民享有的环境诉权。更为重要的是，美国在司法实践中，通过对环境民事损害认定条件限制和范围的拓展，放松了对原告起诉资格的限制。在著名的塞拉俱乐部诉莫顿案件中，原告虽然败诉，但是其对损害的认定同样具有重要的历史意义。塞拉俱乐部成立于1892年，在美国久负盛名，是美国历史上最为悠久、同时也是美国规模最大的非政府环保组织。而美丽的矿金峡谷是加利福尼亚州一处未被开垦的荒野，它作为美国国家森林的一部分，被划为禁猎区。因此，它基本用于娱乐消遣目的，保持着原始荒野的神秘本色。而作为矿金峡谷管理人的美国林业局，则试图将其开发成娱乐场，在这里修建高速公路和滑雪胜地。塞拉俱乐部则希望能够继续保持矿金峡谷的现状，并且认为改变矿金峡谷的用途将会引起该区域美学和生态的变化，并且声称矿金峡谷的开发"将毁灭，或者对公园的风景、自然和历史遗迹以及野生动物造成不利影响"。该案最先聚焦于塞拉俱乐部的起诉资格的问题。众所周知，依据传统的法律观念和原则，能够提起诉讼的主体应当是受到损害的人。而矿金峡谷所造成的环境精神利益的损害，只有那些"利用矿金峡谷和美洲杉国家公园的人，以及那些认为高速公路和滑雪场会减损该地区的美学和休闲价值的人"才能感受到。而塞拉俱乐部的成员并未受到开发项目的影响。因此，该案虽几经反复，上诉至联邦最高法院，却仍旧以塞拉俱乐部的败诉而告终。与此相同的还有2000年地球之友诉兰得洛环境服务公司一案。该案同样上诉至美国联邦最高法院。这次美国联邦最高法院做出了原告胜诉的判决，对环境人格利益做出了积极、正面的判例确认。该案发生于1992年，地球之友等环境保护团体指控兰得洛环境服务公司违规排放水银，污染了当地的环境。地球之友借鉴了塞拉俱乐部诉莫顿案中的经验，为了确保其具备起诉资格，提供了其成员的法律誓词，以证明他们因为担心河流受到水银污染而不敢在那里钓鱼、野营、游泳等，因而其环境人格利益确实受到了损害。最高法院在判决中认为，兰得洛公司的水银违规排放直接影响了那些人的娱乐的、美学的利益。菲律宾的司法实践颇值一提。Juan Antonio Oposa and others v.The Honourable Fulgencio S.Factoran and another是非常著名的一个经典案例。这个案件发生在1994年，原告是45名儿童，但他们除了代表自己以外，还代表了尚未出生的后代。被告是环境与自然资源部部长，诉讼请求为撤销环境与自然资源部所发放的所有的伐木许可证。诉讼理由为环境与自然资源部发放伐木许可证的行为，使得菲律宾的森林资源大面积减少，这种行为侵犯了宪法所保障的环境权。然而在一审中，一审法院以原告诉讼资格缺失为由，驳回了起诉。原告上诉，菲律宾最高法院做出了与一审法院完全不同的判决。最高法院认可了原告的诉讼主体资格，认为原告有权代表他们自己以及尚未出生的后代提起诉讼。这种资格是以代际责任为基础的，每一代人都有责任为子孙后代提起诉讼，这是原告在享受良好的环境的同时，负有的环境义务。

环境民事公益诉讼原告一般就是指谁有资格作为公共利益的代表提起诉讼，这与各国有关公益诉讼的观念有直接关联。在美国，一般将环境公益诉讼称为公民诉讼，1970年的《清洁空气法》中规定，包括政府、企业、公司和各类社会组织以及个人在内的主体均有权提起诉讼，美国在《清洁空气法》中对原告基本上是没有限制的，但是后来1972年的《清洁水法》则与此不同，对原告资格进行了限定，要求原告必须受到环境的严重影响或者有受到严重影响之虞的人，这实际上是以原告实际或可能受到侵害作为资格限制。印度最初也对原告资格限制较严，要求原告与受损利益具有明显的利害关系。但是，由于污染公害事件频频发生，印度通过司法实践的方式将环境公益诉讼原告资格赋予全体公民。我国《民事诉讼法》对原告的资格限定为与案件有直接利害关系。按照这种模式和理念来构建环境民事公益诉讼，将使原告的范围异常狭小，且与普通民事诉讼难以区分，因此，在2012年对《民事诉讼法》进行了修订，其五十五条规定："对污染环境、侵害众多消费者合法权益等损害社会公共利益的行为，法律规定的机关和有关组织可以向人民法院提起诉讼。"其未规定具体的提起公益诉讼的主体，而是将其交予其他单行法予以规定，因此在环境民事公益诉讼中未明确原告的资格应如何确定。但从立法意图来讲，所谓"法律规定的机关和有关组织"，并没有要求其必须与案件有利害关系，只需法律明确规定即可。而在我国法学理论中由谁来充当环境民事公益诉讼的原告，却有不同的观点：

（1）检察机关。至于检察机关能否充当公共利益的代表，作为环境民事公益诉讼的原告，历来存在争议。检察机关作为公益诉讼的原告确实具有得天独厚的优势，因为从机构设置上来看，检察机关的设置本身就为了代表国家利益，因而当然可以代表环境公共利益行使公诉权。同时，检察机关内部机构设置完全可以满足其承担公益诉讼主体资格的条件，在国外检察机关作为公益诉讼原告已经成为一种立法潮流。而在我国的环境公益诉讼案件中，检察机关作为原告起诉已经在司法实践中获得了普遍的认可，并取得良好的社会效果。

（2）行政机关。环境民事公益诉讼案件中的行政机关，一般是指环保行政机关，但不仅限于此，还包括一些具有资源保护和环境行政管理的政府直属事业单位、国土资源行政机关，甚至还包括一级政府。行政机关能否成为环境民事公益诉讼的原告，一直以来存在很大争议。支持的观点认为，来源于英美国家的环境公共信托理论是其作为环境公益的代表，进而提起公益诉讼的理论基础。同时由行政机关作为环境民事公益诉讼的原告，相对而言在调查取证以及专业性方面都具有比较大的优势，且在地方保护主义之下，行政机关的行政执法权受到诸多限制，允许其提起诉讼是其寻求救济的一种方式。而反对者则认为，行政机关所拥有的行政管理职权本身就是在维护公共利益，不必再赋予其公益诉讼的原告资格。行政部门内部之间的相互掣肘问题，应通过行政执法体制改革来解决。更为关键的是，赋予行政机关环境公益诉讼原告资格，将使其行政权力膨胀。同时会造成司法权与行政权之间的混乱不清。

（3）环保组织。有关民间环保组织或者说环保团体的环境民事公益诉讼资格问题，一直以来争议并不是很大，只是在具体操作中存在分歧。2012年《民事诉讼法》55条原则上赋予了环保组织提起环境民事公益诉讼的资格。然而，这里需要注意的问题是我国《民事诉讼法》第五十五条的措辞，必须是"法律规定的"有关组织才有权提起环境民事公益诉讼，如社会团体、民间组织、民间机构、公民组织、非营利组织、非政府组织，等等。根据环境保护部2010年发布的《关于培育引导环保社会组织有序发展的指导意见》，"环保社会组织是以人与环境的和谐发展为宗旨，从事各类环境保护活动，为社会提供环境公益服务的非营利性社会组织，包括环保社团、环保基金会、环保民办非企业单位等多种类型"。我国环保团体作为独立于政府与企业的第三种力量，已经迅速地成长起来。然而，我国民间环保团体亦存在不足，其经费严重不足，甚至危及自身的生存与发展。且在我国，民间环保组织由于缺乏资金，也就没有专业的取证工具和检测手段，甚至在这些环保团体中工作的人员，也并不具有专业的环境知识。因此，环保组织在我国环境民事公益诉讼中，并未发挥其应有的作用。

（4）自然人。自然人能否成为环境民事公益诉讼的原告，这在美国是不存在任何争议的问题，然而在我国，公民并非是环境民事公益诉讼的当然原告。因为自然人作为一种单独个体，难以成为环境公共利益的代表，环境公益诉讼是一项专业性比较强的诉讼，在诉讼中往往需要专业的知识和技术，而自然人显然难以胜任。并且环境公益诉讼本身是一项颇为复杂的诉讼，需要巨大的诉讼费用、较长的诉讼时间，这使得自然人难以承受，必然会削弱其提起公益诉讼的积极性，而且极易造成滥诉问题。就我国而言，自然人目前法律意识不高，也并未意识到环境保护以及环境公益诉讼的重要性和积极意义，自然人仍然是市场经济条件的"经济人"身份，尚未完成向"生态人"的积极转变，因此暂且不宜赋予其环境民事公益诉讼的原告资格。我国《民事诉讼法》将自然人排除在环境民事公益诉讼原告范围之外。[1]但是也有人并不赞同这样的观点，认为自然人可以作为环境民事公益诉讼的原告。因为自然人的利益与公共利益从根本上来说是一致的，密不可分。自然人可以说是环境污染和破坏最直接的受害者，赋予其原告资格，既有利于环境公益诉讼的实现，又能调动其积极性进行环境监督，其重要性可想而知。因此，自然人作为环境公益诉讼的原告，可以加强其参与环境保护的积极性，并对环境民事公益诉讼的公正性产生重大影响。[2]且自然人作为环境民事公益诉讼的原告有着深厚的法律基础。我国宪法规定了公民权利体现在民事诉讼中，就应该是自然人对任何侵害国家利益、公共利益的行为都可以并且有权提起诉讼，也就是说从这一条可以推定出公民与这些公益案件具有利害关系，所以可以作为环境民事公益诉讼的原告。环境保护法虽然没有规定任何单位和个人都可以通过民事诉讼途径来保护环境公共利益，但是却说明了环境资源是属于全体社会成员所共有的。因此，只要是有人实施了环境污染和破坏行为，公民个人都有权利通过法律规定的方式解决。所以，将公民个人排除在环境民事公益诉讼原告资格范围之外是不合理的。

上述就有关环境民事公益诉讼原告资格的学术争论进行了简要的介绍，可见我国2012年《民事诉讼法》55条的修改，并未终止这场争论，相反引起了更为激烈的论辩。

---

[1] 《民事诉讼法》55条规定："对污染环境、侵害众多消费者权益等损害社会公共利益的行为，法律规定的机关和有关组织可以向人民法院提起诉讼。"

[2] 张镝. 公民个人作为环境公益诉讼原告的资格辨析[J]. 学术交流，2013（2）：59-62.

笔者认为，环境民事公益诉讼在我国，可以说是一项新事物，因此处于刚刚起步阶段，民众对它的认识需要时间。并且在我国，正如有的学者所看到的那样，公民法律意识和环保意识虽然从发展趋势来看在逐渐提高，但总的来说仍然处于一个较低的水平。这种现实情况对环境民事公益诉讼的发展无疑是一种障碍。但是，并不能因此否认其享有维护公共利益的权利。从环境公益诉讼的发展历史中我们可以看出，在公益诉讼较为发达的美国，并没有排除公民作为环境民事公益诉讼的原告资格。虽然说，美国环境公益诉讼的主体实际上是以民间环保团体为主，但并不限制公民诉讼。我国环境民事公益诉讼当中，从立法上来看，已经将自然人排除在外，因此笔者认为是不恰当的。总而言之，笔者认为，我们应当借鉴国外有关环境公益诉讼的有关立法和司法经验，拓展环境民事公益诉讼原告的范围，规定任何公民、法人、社会组织和政府机关都有权提起环境民事公益诉讼，从理论上来说，这是环境共有权的程序保障。我国贵阳、无锡、昆明等环保法庭通过司法实践的方式，也就是说以地方立法与出台法院内部指导性文件的方式，肯定了人民检察院、环境资源行政管理机关、社会公益组织以及具有相关利害关系的自然人可以作为原告启动环境公害诉讼。由此创建了多元化的环境公害诉讼启动机制。就环境人格权侵权诉讼来讲，由于其本质上就是一种私权，在这类环境公益诉讼中，自然人的环境人格权必然遭受到了某种程度的侵害，因此，自然人个体应当具有提起诉讼的主体资格。

（三）举证责任的移转

在传统的民事诉讼法中，奉行"谁主张，谁举证"的基本证明规则。然而，众所周知，在民事诉讼中，由谁来承担举证责任，往往会使其在诉讼中处于相对的不利地位。在一般的民事侵权中受害人要证明受害人的过错、损害事实、行为与损害事实之间的因果关系等，如果不能证明，则可能导致法律上的不利后果。但是，在环境民事诉讼中，这样的证明责任无异于封闭了受害人通过诉讼程序寻求救济的大门。对于企业的生产设备和技术标准，受害人很难知晓，更无法准确描述其工作原理。且由于受害人一般是普通民众，缺乏专业知识，没有专业的检测设备仪器，因此无法对企业的污染行为进行举证。并且环境侵权往往经历了一个长时间的积累过程，在这个过程中化学、物理方面发生了巨大的变化，需要非常专业的科学知识才能完成。而就目前来说，即使是专业的科技人员，亦无法清楚阐释其中的变化过程，因此将这一责任赋予一般受害人是不现实的。聘请专业的鉴证人员虽然看起来是不错的选择，然而实际上，在此类案件中当事人往往难以支付昂贵的鉴定费用，更何况有些受害人已经因污致贫，生存都是问题，要求其进行鉴定无异于雪上加霜。而加害方则不同，其实力雄厚，具备专业的科技人员，由其收集证据则有事半功倍的效果。正因为如此，很多国家对环境侵权问题，基本上都采取了举证责任倒置，以减轻受害人的举证负担。美国《密歇根州环境保护法》规定原告只要证明环境污染与破坏的事实的存在就可以，由被告承担不存在污染的证明责任，若不能证明，则需承担败诉的风险。我国《民事诉讼法》原则上采取了传统上的举证责任分配原则，使得环境侵权的受害人处于十分不利的地位。2001年《最高人民法院关于民事诉讼证据的若干规定》明确规定了在环境损害赔偿类案件中的举证责任倒置制度，我国《防止船舶污染海域管理条例》中也规定了这一原则，对于污染行为与损害结果之间的因果关系原告不需要承担举证责任，而是由被告就因果关系不存在承担举证责任，否则就要承担败诉的风险。

（四）环境人格权民事公益诉讼的激励及约束机制

在环境民事公益诉讼制度中，由于原告的资格范围较大，可能造成滥诉，因此有必要设置必要的激励及约束机制，以维持环境民事公益诉讼的良好运作。

1.诉讼费用的设置。与普通民事诉讼不同，环境民事公益诉讼一般而言，案件复杂，诉讼标的大，作为原告的公民与社会团体难以承受巨额的诉讼费用。这样必将会影响公民提起环境民事公益诉讼的热情和积极性。一般来说，由国家机关或者是行政机关作为原告的环境民事公益诉讼，诉讼费用由国家来承担。但是由公民个人或者社会团体所提起的环境民事公益诉讼，其诉讼费用的负担问题，各国规定却有所不同。美国的联邦法院和一部分州法院将律师费用的一部分算入诉讼费用，然后让败诉的一方承担。甚至于为了鼓励公民诉讼，规定胜诉的当事人可以向对方请求合理的律师费用。法国则直接废除了法院费用。德国的《诉讼费用援助法》则规定，胜诉的公益诉讼的原告，可以以实际争议额为基础向被告收取诉讼费和律师费。败诉的原告也只是根据降低的诉额比例承担对方的诉讼费用。而在我国，公民个人或者社会团体则申请减免诉讼费用，即便是原告败诉，亦可减免，但是如若被告败诉，则需承担原告的诉讼费用。这样就极大地鼓舞了公民提起环境民事公益诉讼的热情，不会因为巨额的诉讼费用而限制了应有的权利。

2.设置基金会。为了环境民事公益诉讼的有效运行，应当设立各级公益基金。其财产来源可以是捐赠，但更为重要的来源应当是环境公益诉讼中败诉被告所缴纳的罚金。笔者认为国家应确定一定比例的罚金作为公益基金，用于公民或环保团体在环境民事公益诉讼案件中胜诉后的奖励。"原告胜诉奖励机制的设置不仅仅是为了激发适格主体提起公益诉讼的热情，更大的作用在于促进原告在诉讼中积极地作为。公益诉讼维护的是公共利益，诉讼周期长，案情复杂，不仅需要耗费巨大的时间、精力、财力等，还有可能要面临来自企业和当地政府的威胁。原告在诉讼中可能会遇到阻力后中途退缩。设置奖励机制，在案件胜诉后对原告的付出进行一定的弥补，使原告在经济利益的激励下，积极地调查取证，维护生态环境公共利益。因此，奖励机制设置可以鼓励更多主体对损害公共利益的行为进行监督，调动社会公众维护公共利益的积极性。"[1]

三、环境人格权的行政公益诉讼保护

（一）环境行政公益诉讼的基本理论

我国民事诉讼法中已经确立了正式的环境民事公益诉讼制度，虽然在具体程序方面仍旧不完善，但是其确立是我国环境公益诉讼制度的有益尝试。然而我国环境公益诉讼却仍旧停留在理论层面，学术上的探讨十分热烈，立法上却不断遭遇冷遇。所谓的环境行政公益诉讼是指当负有行政职责的行政主体的行政行为侵害环境公共利益或者有侵害之虞时，法律规定的个人或者有关组织和单位有权提起诉讼，以保护环境公共利益的活

---

[1] 颜运秋，罗婷.生态环境保护公益诉讼的激励约束机制研究[J].中南大学学报（社会科学版），2013（6）：42-49.

动。环境行政公益诉讼亦是脱胎于传统行政诉讼制度，与传统行政诉讼制度相比，其在诉讼主体与目的方面均有所突破。原告并不是必须与诉讼标的具有直接利害关系，诉讼目的在于维护环境公共利益。环境人格权是一种公益性私权，因此对侵犯环境人格权的行政行为，私人亦可提起环境行政公益诉讼，这是一种典型的"主观上为自己、客观上为他人"的行为。

（二）环境行政公益诉讼的适用范围

对于哪些行政行为可以提起环境公益诉讼一直以来法律并无明确的规定，传统行政诉讼的受案范围过于狭窄，不能适应社会的发展状况。对于环境行政公益诉讼来讲，笔者以为其受案范围包括具体环境行政行为和抽象环境行政行为。具体环境行政行为并无争议，而对于抽象环境行政行为，传统行政诉讼法中不允许提起诉讼。而在环境行政公益诉讼中则必须突破这一限制，赋予法院司法审查权，这是通过司法权预防环境公益损害的有效途径。

（三）环境行政公益诉讼的原告主体资格的扩张

与环境民事公益诉讼一样，环境行政公益诉讼同样需要对原告主体资格进行扩张，这是公益诉讼与传统诉讼最为明显的不同之处。在美国，一般将环境公益诉讼称为公民诉讼，1970年的《清洁空气法》中规定，包括政府、企业、公司和各类社会组织以及个人在内的主体均有权提起诉讼，美国在《清洁空气法》中对原告基本上是没有限制的，但是后来的1972年《清洁水法》则与此不同，对原告资格进行了限定，要求原告必须受到环境的严重影响或者有受到严重影响之虞的人，这实际上是以原告实际或可能受到侵害作为资格限制。印度最初也对原告资格限制较严，要求原告与受损利益具有明显的利害关系。但是，由于污染公害事件频频发生，印度通过司法实践的方式将环境公益诉讼原告资格赋予全体公民。由此可见公民具有提起环境行政公益诉讼的主体资格。在我国检察机关的设置本身就为了代表国家利益，因而当然可以代表环境公共利益行使公诉权。同时，检察机关内部机构设置完全可以满足其承担公益诉讼主体资格的条件，在国外检察机关作为公益诉讼原告已经成为一种立法潮流。而在我国的环境公益诉讼案件中，检察机关作为原告起诉已经在司法实践中获得了普遍的认可，并取得良好的社会效果。环境保护民间组织的成立，其根本宗旨就是为了维护环境公共利益，赋予其原告主体资格正与其宗旨相契合，且在国外的司法实践中，环境保护组织提起环境公益诉讼的案例不在少数，已经积累了丰富的经验。可见，我国环境行政公益诉讼主体应当进行适当扩张，公民、检察机关、环境保护组织均可以成为环境行政公益诉讼的原告。

四、环境公益诉讼制度中国实践——以内蒙古为例

2015年，内蒙古自治区被确立首批试点省市，以检察机关作为突破口，探索环境公益诉讼制度，为环境公益诉讼制度的丰富和完善提供了宝贵的实践经验。在我国，理论上对环境公益诉讼制度的研究可以说已经十分成熟，但是一直缺乏实践的支撑。内蒙古作为13个试点省份之一，积极开展环境公益诉讼司法实践工作，积累了宝贵的经验。内

蒙古地处我国北疆，矿产资源丰富，草原生态环境更是别具一格。然而，近些年来，这里同样面临着严重的环境问题，如草原退化、沙漠侵袭、雨水稀少。片面强调经济发展所带来的副作用是显而易见的。"十三五"期间，内蒙古实行了严格的环境保护制度，加大对环境污染与破坏问题的治理力度，环境问题在一定程度上得到了有效控制，环境公益诉讼制度的试点与施行，为内蒙古环境治理提供了丰富的实践经验，开拓了内蒙古生态环境保护的新局面。

（一）内蒙古环境公益诉讼典型案例简介

1.内蒙古和林公益诉讼案系列（首例）

内蒙古和林环境行政公益诉讼案件，在内蒙古地区影响极大，引起广泛的关注。这一案件是由呼和浩特市检察院移送至和林格尔县检察院的，和林格尔县检察院高度重视，并迅速展开调查工作。初步调查表明，张军等11人自2009年开始，就在和林县盛乐镇公喇嘛村南的茶坊河道两侧非法采砂，严重破坏了河道及两侧的土地，致害面积共计794.41亩。更为严重的是，其中还包括524.67亩耕地，耕地遭到完全损毁，已经无法进行种植。2016年和林格尔县国土资源局也曾对上述违法行为进行过行政处罚，责令停产停业，并且对采砂工具进行了拆除，并将涉嫌犯罪的当事人移送给公安机关进行处理。但是对该11人所造成的环境污染和破坏，并未责令当事人进行恢复和治理。针对此种情况，和林格尔县检察院认为和林格尔县国土资源局存在不作为嫌疑，因此立案并将这一情况向和林格尔县政府做了汇报。之后和林格尔县检察院向和林格尔县国土资源局发出一封检察建议书，建议和林格尔县国土资源局做出具体行政行为，对张军等11人非法采砂行为进行监管，对被破坏的土地进行治理。和林格尔县国土资源局回复称：对其下达责令停产停业的行政处罚后仍在继续非法采砂的当事人，已经向公安机关报案，至于土地毁损情况也聘请了相关专家，并组成了专家组进行了实地勘测，已经出具了专家意见。但是，在和林格尔县检察院提起诉讼之前，和林格尔县国土资源局并未履行其监管职责，毁损土地也并没有得到认真治理。因此，和林格尔县检察院认为和林格尔县国土资源局存在行政不作为行为，并以此为由提起环境行政公益诉讼。该案件是内蒙古自治区试点工作中首例以行政机关为被告所提起的环境公益诉讼案件，因而引起极大关注，有近百人参加了庭审旁听。在庭审中，和林格尔县检察院作为公益诉讼的原告，提供了一系列证据，包括证人证言、笔录、现场勘测笔录以及报告书等，并出示了非法采砂现场的图像以及航拍影视资料，直观立体地展示了土地毁损情况。2017年7月12日，和林格尔县人民法院做出判决，认为和林格尔县国土资源局对张军等11人非法采砂行为未履行法定监管职责的行为违法，被告和林格尔县国土资源局应依法全面履行监管职责。案件判决后，和林格尔县国土资源局表示服判息讼，并积极履行监管责任，委托专家进行勘测，制定具体可行的关于毁损土地的治理方案。和林格尔县政府拨款200万，专门用于被破坏的茶坊河道的治理。

这一案件的宣判具有重要的意义。内蒙古各地区以行政机关作为被告的环境行政公益诉讼案件不断增加。2016年12月阿拉善右旗检察院以阿拉善国土资源局为被告向人民法院提起环境行政公益诉讼。阿拉善右旗检察院经调查获悉，阿拉善德晟冶金炉料公司在锡林布拉格嘎查境内非法开采矿产资源，使得自然资源和生态环境遭到严重破坏，因而阿拉善右旗检察院依法向阿拉善右旗国土资源局发出检察建议书，建议阿拉善右旗国土资源局依法履行监管职责，对阿拉善德晟冶金炉料公司进行行政处罚。阿拉善右旗国土资源局回复称其已经制订了具体的计划和整改措施。但是阿拉善右旗国土资源局却并没有采取任何有效的实际措施。因此，阿拉善右旗检察院以其为被告提起诉讼。阿拉善右旗人民法院判决肯定了检察院的诉讼请求，认为阿拉善国土资源局怠于行使监管职责的行为违法，并要求其继续履行监管责任。

2014年6月，鄂尔多斯凯创文化旅游公司在未经林业部门审批的情况下，在木呼尔敖包村四社和宝林村五社占用林地挖砂石料、修建临时通行便道，擅自改变林地用途，致使原地表植被及防护林被破坏。伊金霍洛旗检察院分别于2016年5月30日和6月1日发出检察建议书，督促伊金霍洛旗林业局依法履职。经查实，涉案林地一直未得到修复，国家和社会公共利益处于受侵害状态。2016年12月16日，伊金霍洛旗检察院以林业局不履行法定职责、损害国家和社会公共利益为由向法院提起环境行政公益诉讼。经法院审理认定，上述两家行政机关怠于履行监管职责的行为违法，并判令其依法继续履行法定监管职责。

2.苏尼特左旗人民检察院诉苏尼特左旗草原监督管理局系列案

草原是内蒙古的底色，内蒙古地区公益诉讼案件86.62%集中在生态环境和资源保护领域。因此在内蒙古地区，草原保护行政部门成为环境行政公益诉讼被告的案件更为常见。苏尼特左旗人民检察院诉苏尼特左旗草原监督管理局案具有重要的代表意义。苏尼特左旗以穆瑞和采石场为代表的九家采砂采石企业未经批准，擅自开采，严重破坏了周围的草原生态环境。苏尼特左旗草原监督管理局却并未履行相应职责。因此苏尼特左旗人民检察院向苏尼特左旗草原监督管理局发出检察建议，建议其履行职责，苏尼特左旗草原监督管理局函复称已经采取措施。之后，苏尼特左旗人民检察院又通过不同形式两次督促其履行职责，但是仍没有获得实际效果。无奈之下，苏尼特左旗人民检察院以苏尼特左旗生态保护局（草原监督管理局隶属于生态保护局）为被告提起环境行政公益诉讼，要求苏尼特左旗生态保护局履行草原监督管理职责。苏尼特左旗生态保护局在庭审中承认其确实存在管理不到位、执法不规范等行为，并保证依法履行职责，恢复被破坏的草原植被。法院经审理认为，苏尼特左旗生态保护局由于怠于行使监管职责，致使其管辖范围内的多家企业在未获得合法手续的情况下，从事采石采矿等非法行为多年，致使周围草原生态环境遭到严重破坏，公共利益处于被侵害状态。草原生态管理局在收到检察院的检察建议书之后，虽然进行了相应补救，并取得了一定效果，但是其履职仍不到位，且根据内蒙古自治区草原勘查规划院所出具的评估报告，该地区的生态恢复需要一个长期的过程，生态保护局严格执法，将会有效保障该地区生态环境的改善。因此，苏尼特左旗人民法院支持了苏尼特左旗人民检察院的诉讼请求。

（二）内蒙古环境公益诉讼成就与不足

1.内蒙古环境公益诉讼实践的法律依据

我国作为典型的大陆法系国家，一直严格遵循着成文法的传统和理念。具体而言，就环境公益诉讼的司法实践来讲，如果没有明确的法律规定，这一制度在实践中是无法开展起来的。我国的环境公益诉讼，理论上的探讨和研究开始得较早，却一直缺乏法律制度的支持，2012年《民事诉讼法》的修改，是中国环境公益诉讼制度发展史上的里程碑，在理论界和实务界引起了广泛的反响。遗憾的是，《民事诉讼法》虽然将公益诉讼制度明确纳入其中，但是其规定较为模糊，并没有具体规定公益诉讼的原告，对公益诉讼的类型也仅仅列举了环境污染和侵害众多消费者合法权益两类，因此缺乏可操作性。有鉴于此，2015年《民事诉讼法》司法解释，对环境民事公益诉讼进行了更为详细的解读。这些法律规定，是环境公益诉讼的重要法律依据。正是有了《民事诉讼法》的明确规定，我国的环境民事公益诉讼才能在实践中不断丰富和发展起来。

与此形成鲜明对比的是，环境行政公益诉讼的立法则显得滞后，仍然只停留在理论探讨层面，国内行政法学专家在《行政诉讼法》修改建议稿（北大版）中明确规定了该项制度，并将原告主体资格赋予公民、法人及其他组织、检察机关，且公民、法人、其他组织这三类主体需要与案件有利害关系，而且这些主体的原告主体资格是有顺序的，只有公民、法人和其他组织在一定期限内不行使自己的诉权的情形下，人民检察院和与公共利益相关的社会组织才能取得原告主体资格。或者是在没有公民、法人及其他组织的情况下，人民检察院才可以直接提起行政公益诉讼。从这一建议稿中，我们可以看出检察机关作为环境行政公益诉讼的主体，在理论上已经基本取得一致的意见。然而遗憾的是2014年《行政诉讼法》的修改并没有采纳这一建议，没有明确规定行政公益诉讼制度。但是就在同一年，中共中央却针对环境公益诉讼制度做出了明确指示，要求以检察机关为环境行政公益诉讼的原告，尝试推进我国的公益诉讼制度，成为我国环境公益诉讼的重要依据。[1]为具体贯彻落实这一要求，全国人大常委会决定在全国13个省市搞试点工作，为了有效推进试点工作的发展，最高人民检察院针对环境公益诉讼工作，从诉前准备到执行进行了全面而具体的规定，使试点地区各级检察机关提起环境行政公益诉讼有了制度支撑。[2]最高人民法院也就人民法院受理此类案件出台了实施办法。这些决定与实施办法的相继出台，使我国初步形成了环境公益诉讼的制度体系，内蒙古环境公益诉讼制度以此为依托，在实践中迅速开展起来。

2.内蒙古环境公益诉讼取得的成就

（1）检察机关作为环境公益诉讼原告的有效尝试

我国公益诉讼制度之所以在实践中遭遇冷落，归根结底就在于传统诉讼法要求原告应当具有某种特殊资格。环境污染侵犯的是公共利益，而传统诉讼制度中要求原告与案件有利害关系，这就意味着在环境污染与破坏案件中，除了利益相关人之外的其他主体都没有资格提起诉讼。这种限定，恰恰是与公益诉讼制度相矛盾的地方，环境公益诉讼案件中很难确定原告与公共利益之间的利害关系，因而各级法院在受理这类案件时都是非常谨慎的，这些都束缚了这一制度的发展。内蒙古地区作为试点地区之一，检察部门积极履行职责，截至2017年5月底，内蒙古发现公益诉讼案件线索302件，检察机关在其

---

[1] 中共中央十八届四中全会通过的《中共中央关于全面推进依法治国若干重大问题的决定》明确提出了要积极探索检察机关提起公益诉讼的制度："完善对涉及公民人身、财产权益的行政强制措施实行司法监督制度。检察机关在履行职责中发现行政机关违法行使职权或者不行使职权的行为，应该督促纠正，探索建立检察机关提起公益诉讼制度。"

[2] 最高人民检察院在2016年1月6日公布实施了《人民检察院提起公益诉讼试点工作实施办法》，明确规定了人民检察院提起公益诉讼的主体资格问题。

中的264件案件中依程序向行政机关发出了检察建议书，行政机关接到之后，积极履职并纠正违法行为的共计159件，向法院提起行政公益诉讼62件，法院审理31件、判决29件。内蒙古检察机关用实际行动说明了其在环境保护中所起的重要作用，证明了检察机关作为公益诉讼原告主体资格并无实践中的障碍，为我国环境公益诉讼制度的立法和开展提供了宝贵的经验。

（2）诉前督促程序的探索

在内蒙古环境公益诉讼司法实践中，检察机关在诉前一般都向不履行或怠于履行环境监管职能的行政机关发出了检察建议书，督促行政机关积极履行行政职责。美国在规定行政公益诉讼制度时，设置了诉前的通知程序，在提起行政公益诉讼之前应当书面通知被起诉的行政主体，行政主体在限定日期之前没有答复或者答复不满意，原告才有权利提起环境行政公益诉讼。这一制度在某种程度上是为了防止滥诉而设，而大陆法系各国一般采取直接起诉的模式，并未设置诉前审查制度。最高人民检察院在试点工作中借鉴了美国的先进经验，规定了相关诉前程序，在民事公益案件中，人民检察院在诉前应督促相关主体提起环境民事公益诉讼，如果相关主体在一个月之内仍然没有起诉，或者根本没有适格主体的条件下，人民检察院才能取得环境民事公益诉讼的原告主体资格。这说明在我国的环境民事公益诉讼的法律制度设计中，人民检察院的主体资格并不是当然取得，具有补充和递补的性质。但是在环境行政公益诉讼中，却并没有此种限制，只是在起诉前设置了督促程序，既可以防止滥诉，又能够将案件解决在诉前，节约司法资源。如果行政机关拒绝采纳检察机关的建议，此时检察机关才取得了环境行政公益诉讼的原告主体资格。诉前督促程序的设置，从本质上来讲是检察机关行使法律监督权的具体体现。内蒙古各地检察院在试点工作中，按照最高人民检察院的规定，一般都向行政机关出具了检察建议书，要求行政机关限期改正，力争将问题解决在诉讼之前，这一诉前程序设置的实践，为我国环境行政公益纠纷解决提供了新的路径。

（3）诉讼程序的不断完善

环境公益诉讼的司法实践，对于我国来说是一项新鲜事物。其在诉讼程序上与传统诉讼存在一定的区别。检察机关作为环境行政公益诉讼的原告资格的确定，为启动这一诉讼程序提供了可能。首先，内蒙古检察部门所提起的环境行政公益案件，基本上都是在违法行政行为已经对公共利益造成损害的前提下提起的。从理论上来讲，为了预防环境损害事件的发生，有人认为应该在行政行为可能存在危害环境公共利益的危险时就提起诉讼，而无须等到损害结果实际发生。但从实践角度来讲，内蒙古地区检察机关的做法是值得肯定的，先不论这两种观点的优劣，检察机关作为环境行政公益诉讼原告的试点，是为了更好地健全这一制度。在这样的背景下，不宜将检察院提起环境行政公益诉讼的标准设置过宽。因为如果采用危险学说理论，那么会导致检察机关取证难度增大，影响其提起环境行政公益诉讼的积极性。且此种理论没有确切具体的标准，极易出现滥诉情况，浪费司法资源。更为关键的是，如果采用这一标准，稍有不慎便可能造成对行政机关的行政权力的不当干涉，也就是说，在试点工作的开始阶段，采取谨慎的态度是必要的。其次，在管辖权的确立方面，内蒙古检察机关在试点工作中，基本是按地域，由基层人民法院作为一审法院进行的审理，从而以实践方式确立了环境公益诉讼的管辖问题。最后，在举证责任分配方面，在普通环境诉讼中一般实行举证责任倒置，其主要目的是为了保护弱势群体的利益。也就是说，在这类诉讼案件中，原被告的地位和信息是不对称的，因而对弱势一方进行了特别保护，设置了举证责任倒置制度。在环境行政公益诉讼中也应当遵循此项原则，而无须考虑具体的原告是谁。检察机关虽然在地位上可以与行政机关相抗衡，但是在获取有关环境问题的证据方面仍然存在不足，对行政机关的行政行为的行使方式、力度以及对其后果的把控与一般的行政诉讼原告并没有本质区别。然而，检察机关毕竟不同于一般的原告，其本身所具有的特点和专业优势，与行政机关实力相当，检察机关与行政机关的地位基本是相对等的，因而无须实行举证责任倒置。内蒙古环境公益诉讼案件中也基本采纳了此种观点，检察机关在诉讼过程中按照一般的证据分配规则进行了举证。

综上所述，从内蒙古的司法实践中我们可以看出，检察机关作为环境公益诉讼的原告是不存在实际障碍的。2015年以检察机关作为突破口所进行的实践探索，说明了检察机关作为法律监督机关，我国公共利益的代表，提起环境公益诉讼是适格的。在我国目前的环境形势下，将检察机关作为环境公益诉讼的原告进行这一制度的有效探索，充分展现了检察机关的部门特点和职能优势，而这些是其他个人或社会团体所不具备的。也正是因为检察机关本身的性质以及其业务人员的专业性，才使得这一制度能够在实践中有效地推行下去，为我国环境公益诉讼制度的立法提供了宝贵的经验。

3.内蒙古环境公益诉讼司法实践存在的不足

内蒙古环境公益的司法实践取得了良好的社会效果，然而在我国，这一制度毕竟处于"试水"阶段，难免会存在这样或者那样的不足。

（1）诉讼种类单一

在我国的环境公益诉讼的试点工作中，赋予了检察机关原告主体资格，这种主体资格，使得检察机关既可以提起环境行政公益诉讼，也可以提起环境民事公益诉讼。从内蒙古的司法实践中可以看出，检察机关只是履行了其作为环境公益诉讼的原告资格，在环境民事公益诉讼方面的表现却不尽如人意。这说明内蒙古地区各检察机关在履行职责过程中尚处于相对保守阶段，环境民事公益诉讼司法实践仍然没有开展起来。从理论上来讲，环境民事公益诉讼比环境行政公益诉讼更为复杂，尤其是在因果关系的证明方面，当事人之间的地位处于极其失衡的状态。再加上诉讼费用的门槛限制，个人成为环境民事公益诉讼原告在实际上具有很大的困难，检察机关恰恰可以弥补个人能力上的不足。虽然从长远来讲，检察机关不应当成为环境民事公益诉讼的"主力军"，而是应该严守其职责范围，通过支持起诉、督促起诉以及在原告缺位的情况下作为"替补"而出现的，但是在目前我国民众公益精神缺失、环保组织能力薄弱的现实情况下，检察机关只能暂时充当主力，带头进行环境民事公益诉讼的司法实践，为其他主体提起环境民事公益诉讼提供经验，促进我国民事公益诉讼制度的深入发展。

（2）环境行政公益诉讼的受案范围过窄

我国在原行政法中明确规定了只能对具体行政行为提起诉讼，因而在一般的行政诉讼案件中不能对行政机关的抽象行政行为提起诉讼。换句话说，法院无权对行政机关颁布实施的规范性文件进行审查。这主要是基于对规范性文件本身的特点的考虑，认为其本身所具有的普适性、反复适用性等特点并不会侵犯公民的具体权利。实际上政府的抽象行政行为一旦实施或者说持续实施，将会造成不可逆的后果，其损害程度可能比具体行政行为更为严重，因此应当允许对这一行为提起环境行政公益诉讼。新修改的行政诉讼法接受了这一观点，改变了抽象行政行为不可诉的情形，使得抽象行政行为与具体行政行为一样具有可诉性。内蒙古检察机关在行政公益诉讼过程中，并没有涉及受案范围，只是针对行政机关的怠于履职的具体行政行为进行诉讼，并不能满足环境保护的实际需求。内蒙古检察机关在今后的环境行政公益诉讼司法实践中，其受案范围不应该只集中在具体行政行为上，应当适当扩充受案范围，对抽象行政行为也提起环境公益诉讼，不断积累经验，为公益诉讼立法做好实践准备。

（3）原告主体形式单一

公益诉讼制度在我国之所以发展迟缓，其主要的制度障碍就在于法律对原告主体资格的限制。正如前文所论证的那样，由于传统诉讼法要求原告必须与案件有利益上的牵连关系，这就导致了在公益诉讼案件中很难判定谁与案件有利益关系。从其他国家公益诉讼的发展状况来看，公民、法人、非政府组织、检察机关等都是适格主体。我国在试点工作中，确定了检察机关为公益诉讼的原告进行实践探索，其目的是为了推动我国环境公益诉讼制度的发展，但是这并不是说从法律上限定了我国环境公益诉讼的原告能且只能是检察机关，公民、法人、非政府组织同样可以提起环境公益诉讼。但是从内蒙古地区的司法实践中，环境公益诉讼，尤其是环境行政公益诉讼案件，基本都是由检察机关发动的，其他主体所提起的环境公益诉讼案件却依然处于萎靡不前的状态。这说明其他主体提起环境公益诉讼，在实践中仍然存在很大障碍，限制了甚至剥夺了其他主体的公益诉讼的主体资格。

（4）诉讼程序不够完善

在内蒙古环境行政公益诉讼案件中，虽然检察机关作为原告的案件基本以胜诉结案，然而从整个诉讼程序来看，仍然存在不尽完善的地方。首先是在诉讼过程中，环境行政公益诉讼管辖基本以属地为基本原则，由基层法院作为一审法院进行审理，且免收诉讼费用。但是其他主体提起的环境行政公益诉讼的诉讼费用，尚无明文规定。在试点过程中，是否应当采取一种开放的态度，尝试其他主体所提起的类似案件也免收诉讼费用，以鼓励潜在的当事人积极进行公益诉讼，最大限度地保护环境公共利益。其次在诉讼过程中并没有明确举证责任分配问题。在一般行政诉讼当中，基于对双方当事人地位的考虑，法律明确规定适用举证责任倒置原则。而在内蒙古试点工作中，由于检察机关成为原告，因此并没有明确规定在诉讼中适用哪种证据分配规则。从表面上来看，检察机关与行政机关地位相当，然而事实上，由于行政行为的复杂性和多变性，即使是具有法律监督职能的检察机关也很难掌握行政行为的具体实施情况，因此从信息掌握的情况来讲，检察机关仍然处于弱势地位。况且公益诉讼案件作为一种诉讼制度类型，束缚其发展的主要是原告资格的确定，具体的审判程序上的规定只要适用一般诉讼的规则即可，无须进行特别规定。再有就是鉴定费用问题。在整个诉讼过程中，检察机关要证明损害的存在，必须聘请专业机构与专业人员进行相关鉴定，鉴定费用是检察机关的沉重负担。在内蒙古的司法实践中，这部分费用由于法律没有规定承担的主体，因此检察机关只能自己承担，实质上来说就是由国家承担。虽然从目前来看，检察机关有能力承担此项费用，但如果这一程序固定下来，势必会成为国家财政的沉重负担。最后在执行问题上，行政机关是否积极履职，主要取决于行政机关本身，其履行判决的程度、方式等很难有具体的衡量标准。检察机关此时仍然只能作为法律监督机关，监督判决的执行情况。因此对判决执行制度的设计，是环境公益诉讼制度立法目的能否实现的关键性问题。

（三）内蒙古环境公益诉讼的启示

1.诉讼主体资格扩张

环境公益诉讼原告资格一般就是指谁有资格作为公共利益的代表提起诉讼，这与各国有关公益诉讼的观念有直接关联。我国《民事诉讼法》对原告的资格限定为与案件有直接利害关系。按照这种模式和理念来构建环境民事公益诉讼，将使原告的范围异常狭小，且与普通民事诉讼难以区分。我国《民事诉讼法》对民事公益诉讼制度的规定，并没有确切地说明谁是适格主体，而是将其交予其他单行法予以规定，因此在环境民事公益诉讼中未明确原告的资格应如何确定。但从立法意图来讲，所谓"法律规定的机关和有关组织"，并没有要求其必须与案件有利害关系，只需法律明确规定即可，但是从其规定来看，自然人不能成为环境民事公益诉讼的原告。但是在环境行政公益诉讼中，由于目前我国并没有明确的立法表述，因此从理论上来讲，公民、法人、其他组织、检察机关都可以成为适格主体。

2.环境民事公益诉讼制度的尝试

内蒙古检察机关所提起的环境公益诉讼案件中，基本都是针对行政部门的不作为行政行为所提出的，没有对破坏和污染环境的主体所提起的民事诉讼行为，至于其他主体所提起的环境民事公益诉讼也几乎很少见。环境民事公益诉讼在我国，可以说是一项新事物，因此处于刚刚起步阶段，民众对它的认识需要时间。总而言之，笔者认为，我们应当在总结我国公益诉讼司法实践的基础上，学习外国的先进立法，拓展环境公益诉讼的原告主体资格，促使全民参与环境保护和治理，从理论上来说，这是环境共有权实现的程序保障。我国贵阳、无锡、昆明等环保法庭通过司法实践的方式，也就是说，以地方立法与出台法院内部指导性文件的方式，肯定了人民检察院、环境资源行政管理机关、社会公益组织以及具有相关利害关系的自然人可以作为原告启动环境公益诉讼。

3.环境公益诉讼程序的探索

（1）环境公益诉讼程序的诉前设置

美国在规定行政公益诉讼制度时，设置了诉前的通知程序，在提起行政公益诉讼之前应当书面通知被起诉的行政主体，行政主体在限定日期之前没有答复或者答复不满意，原告才有权利提起环境行政公益诉讼。这一制度在某种程度上是为了防止滥诉而设，而大陆法系各国一般采取直接起诉的模式，并未设置诉前审查制度。这是因为在大陆法系国家对原告主体资格的审查较为严格，客观上也起到了防止滥诉的作用。我国环境行政公益诉讼制度也借鉴英美法系的诉前审查制度，规定了诉前督促程序。从内蒙古地区的实践来看，检察机关提起环境行政公益诉讼之前，都向怠于履职的行政机关发出了检察建议书，督促其积极作为，并取得了明显成效，大部分行政机关能够接受检察机关的建议，积极履行职责，节约了司法资源。但是从目前的案例来看，其他主体在提起环境行政公益诉讼前是否也书面通知被起诉的行政机关，要求其积极履职，我国法律并没有规定，内蒙古的司法实践在这一方面也并没有突破性的进展。笔者以为，检察机关可以将诉前督促程序作为成功经验固定下来并进行不断完善，在今后的实践中，尝试在环境民事公益诉讼中适用这一制度，以期更好地促进环境公益诉讼制度的发展。

（2）环境行政公益诉讼的适用范围

在环境行政公益诉讼的司法实践中，基本上是对具体行政行为而进行的诉讼。由于我国环境行政公益诉讼并无明确的基本法进行规范，因此即使在内蒙古的司法实践中，检察机关也秉持着谨慎的态度，基本上是对具体行政行为进行的审查和起诉，并没有对行政机关的抽象行政行为进行公益诉讼活动。对于环境行政公益诉讼来讲，笔者以为其受案范围包括具体环境行政行为和抽象环境行政行为。具体环境行政行为基本上不存在争议，对于抽象环境行政行为传统行政诉讼法中不允许提起诉讼，后来经过修改，使得抽象行政行为同样具有了可诉性。但是，在内蒙古的环境行政公益诉讼案件中，并没有发现针对抽象环境行政行为而进行的诉讼案例。并且检察机关在环境行政公益诉讼中的受案范围，还应当包含行政机关的行政危险行为，而不应仅仅局限于那些已经造成实际损害的行政行为。在试点阶段，可以采取谨慎的态度，这无可厚非。但是在今后的实践中，应当将环境公益诉讼的适用范围进行适当扩张，这样才能预防和治理并举，更好地保护生态环境。

4.环境公益诉讼执行制度的完善

环境民事公益诉讼的执行程序从本质上来讲与一般民事诉讼的执行程序并无区别。但是就行政公益诉讼而言，其执行程序需要进一步完善。从内蒙古地区环境行政公益诉讼案件的诉讼结果来看，一般法院判决基本都是要求行政机关履行环境监管职责。这与诉前检察机关要求其积极履职的内容基本是一致的。但是其履职的程度、方式、结果，以及行政机关是否积极履职很难有一个客观的判断标准。这就导致了在环境行政公益诉讼案件中，其判决实现与否与诉讼预期可能会存在不一致的情形。并且在诉讼之后，检察机关与行政机关的关系又回到了诉前的状态，也就是说，如果没有良好的诉讼执行程序，那么检察机关所提起的环境行政公益诉讼就毫无意义，与检察机关在诉前督促程序中所处的地位并无多大区别。因此，在环境行政公益诉讼案件中，应当加大对判决执行力度的关注程度，严格监督行政机关的履职情况，确保环境公益诉讼案件诉讼目的的实现。

参考文献

[1] 科尔 丹尼尔 H. 污染与财产权：环境保护的所有权制度比较研究[M]. 严厚福，王社坤，译. 北京：北京大学出版社，2009.

[2] 徐祥民，田其云，等. 环境权：环境法学的基础研究[M]. 北京：北京大学出版社，2004.

[3] 徐国栋. 绿色民法典草案[M]. 北京：社会科学文献出版社，2004.

[4] 王利明. 人格权法研究[M]. 北京：中国人民大学出版社，2005.

[5] 王利明. 中国民法典学者建议稿及立法理由[M]. 北京：法律出版社，2005.

[6] 汪劲，严厚福，孙晓璞. 环境正义：丧钟为谁而鸣：美国联邦法院环境诉讼经典判例选[M]. 北京：北京大学出版社，2006.

[7] 李丽峰，李岩. 人格权：从传统走向现代：理论与实务双重视角[M]. 北京：中国法制出版社，2007.

[8] 马俊驹. 人格和人格权理论讲稿[M]. 北京：法律出版社，2009.

[9] 五十岚清. 人格权法[M]. 铃木贤，葛敏，译. 北京：北京大学出版社，2009.

[10] 王利明. 侵权责任法研究（上卷）[M]. 北京：中国人民大学出版社，2010.

[11] 陈亮. 美国环境公益诉讼原告适格规则研究[M]. 北京：中国检察出版社，2010.

[12] 余谋昌. 环境哲学：生态文明的理论基础[M]. 北京：中国环境科学出版社，2010.

[13] 周云涛. 论宪法人格权与民法人格权：以德国法为中心的考察[M]. 北京：中国人民大学出版社，2010.

[14] 杨立新. 人格权法[M]. 北京：法律出版社，2011.

[15] 王泽鉴. 人格权法[M]. 北京：北京大学出版社，2013.

[16] 吕忠梅. 环境权力与权利的重构：论民法与环境法的沟通与协调[J]. 法律科学（西北政法学院学报），2000（5）：77–86.

[17] 朱谦. 对公民环境权私权化的思考[J]. 中国环境管理，2001（8）：11–14.

[18] 唐英. 论环境权的私权化[J]. 广西政法管理干部学院学报，2003（7）：32–35.

[19] 胡纪平，吴贤静. 相邻关系与相邻环境权制度的建立[J]. 江南大学学报（人文社会科学版），2007（6）：30–32.

[20] 邓江凌. 环境人格权刍议[J]. 云南大学学报（法学版），2007（5）：104–107.

[21] 张震. 从民法上的环境权到宪法上的环境权[J]. 北方法学，2008（2）：88–94.

[22] 胡平仁，梁晨. 人的伦理价值与人的人格利益：人格权内涵的法哲学解读[J]. 法律科学（西北政法大学学报），2012（4）：12–25.

[23] 刘凯湘. 人格权的宪法意义与民法表述[J]. 社会科学战线，2012（2）：200–208.

[24] 王利明. 人格权法的发展与完善：以人格尊严的保护为视角[J]. 法律科学（西北政法

大学学报），2012（4）：167–175.

[25] 冷传莉. 论人格物与一般人格权的内在契合[J]. 法律科学（西北政法大学学报），2013（4）：62–69.

[26] 李岩松. 论人格权的宪法价值根基[J]. 学术交流，2013（6）：64–68.

[27] 叶延玺. 论自然法与实证法维度中的人格权演变：比较法与历史的双重视角[J]. 云南大学学报（法学版），2013（3）：24–32.

[28] 肖俊. 人格权保护的罗马法传统：侵辱之诉研究[J]. 比较法研究，2013（1）：113–124.

[29] 胡卫萍，邱婷. 环境人格权的立法确认及其侵权责任承担[J]. 华东交通大学学报，2013（2）：102–107.

[30] 张平华，曹相见. 人格权的"上天"与"下凡"：兼论宪法权利与民事权利的关系[J]. 江淮论坛，2013（2）：95–102.

[31] 张平华. 人格权的利益结构与人格权法定[J]. 中国法学，2013（2）：43–57.

[32] 黄忠. 人格权法独立成编的体系效应之辨识[J]. 现代法学，2013（1）：44–57.

[33] 马俊驹. 我国人格权基础理论与立法建构的再思考[J]. 晋阳学刊，2014（2）：111–121.

[34] 李岩. 一般人格权的类型化分析[J]. 法学，2014（4）：12–21.

[35] 朱晓峰. 作为一般人格权的人格尊严权：以德国侵权法中的一般人格权为参照[J]. 清华法学，2014（1）：49–70.

[36] 吴卫星. 我国环境权理论研究三十年之回顾、反思与前瞻[J]. 法学评论，2014（5）：180–188.

[37] 张士前. 论环境人格权的设立[J]. 西南石油大学学报（社会科学版），2015（4）：106–111.

[38] SHEMSHUCHENKO U S. New Tendencies in the Development of Legal Protection for the Environment in the Republics[J]. Boston College Environmental Affairs Law Review，1992，19：515–517.

[39] VOGEL D. Environmental Regulation and Economic Integration[J]. Journal of International Economic Law，2000，3（2）：265–279.

[40] BURGER M. Bi–Polar and Polycentric Approaches to Human Rights and the Environment[J]. Colum. J. Envtl. L，2003，28（2）：371–393.

[41] TOOKEY D L. The Mahalla associations of Uzbekistan：Catalysts for environmental protection? [J]. Helsinki Monitor，2004，15（3）：160–170.